LA SUSTITUCIÓN DE LA INSTRUCCIÓN JUDICIAL POR LA NUEVA DIRECCIÓN DEL MINISTERIO FISCAL

LA SUSTITUCIÓN DE LA INSTRUCCIÓN JUDICIAL POR LA NUEVA DIRECCIÓN DEL MINISTERIO FISCAL

EDICIÓN 2023

Obra de

Ivana M.ª Larrosa Ibáñez

Magistrada Suplente de la Audiencia Provincial de la Rioja
Profesora de Grado de Derecho de la
Universidad San Jorge de Zaragoza
imlarrosa@usj.es

COLEX 2023

© Editorial Colex, S.L.
Calle Costa Rica, número 5, 3.º B (local comercial)
A Coruña, C.P. 15004
info@colex.es
www.colex.es

I.S.B.N.: 978-84-1359-800-0
Depósito legal: C 209-2023

SUMARIO

II.
LA INSTRUCCIÓN EN EL PROCESO PENAL DE MENORES: EL FISCAL DE MENORES. LA LEY ORGÁNICA 5/2000, DE 21 DE ENERO, REGULADORA DE LA RESPONSABILIDAD PENAL DE LOS MENORES, MÁS DE VEINTE AÑOS DE APLICACIÓN

III.
CONCLUSIONES

IV.
BIBLIOGRAFÍA

ABREVIATURAS Y ACRÓNIMOS

Art., arts.	Artículo, artículos
CE	Constitución Española de 1978
Cit., cit.	Citado
DOCE	Diario Oficial de la Comunidad Europea
DOUE	Diario Oficial de la Unión Europea
Ed.	Editorial
Esp.	Especialmente
EOMF	Estatuto Orgánico del Ministerio Fiscal
Eurojust	Unidad de Cooperación Judicial de la Unión Europea
FGE	Fiscalía General del Estado.
LOPJ	Ley Orgánica del Poder Judicial de 1985
MF	Ministerio Fiscal
N.º, núm.	Número
OLAF	Oficina Europea de Lucha contra el Fraude
Op. cit.	Obra citada
PIF	Protección de los Intereses Financieros
p., pp.	Página, páginas
RFE	Reglamento (UE) 2017/1939, de 12 de octubre de 2017, por el que se establece una cooperación reforzada para la creación de la Fiscalía Europea
RMF	Real Decreto 305/2022, de 3 de mayo, por el que se aprueba el Reglamento del Ministerio Fiscal
TC	Tribunal Constitucional
TEDH	Tribunal Europeo de Derechos Humanos

TFUE	Tratado de Funcionamiento de la Unión Europea / Tratado de Lisboa
TUE	Tratado de la Unión Europea
UE	Unión Europea
Rg (UE) 2017/1939	Reglamento (UE) 2017/1939 del Consejo, de 12 de octubre de 2017, de cooperación reforzada para la creación de la Fiscalía Europea

INTRODUCCIÓN

La necesidad de establecer un nuevo proceso penal moderno y garantista, adaptado a la sociedad democrática actual, viene siendo planteado tras la entrada en vigor de nuestra Carta Magna en el año 1978.

Hasta la fecha son muchas las reformas que ha sufrido la Ley de Enjuiciamiento Criminal de 1882 y los proyectos de reforma que de la misma se han planteado, pero ninguno de ellos ha cuajado hasta la fecha. De este modo la actual LECrim se ha convertido en una ley desarticulada con múltiples reformas creadas al amparo de las diferentes tendencias políticas existentes en cada momento.

La propuesta de la LECrim de 2011 y el Anteproyecto del nuevo Código Procesal Penal del 2013 fijaron reformas de corte acusatorio, como establecer un plazo máximo para la instrucción, sin embargo aquellos no llegaron a aprobarse.

La nueva reforma del proceso penal obedece no sólo a un cambio en la administración de justicia sino también a la inclusión de España dentro del espacio normativo de libertad y justicia de la Unión Europea. La aprobación del Reglamento (UE) 2017/1939 del Consejo, de 12 de octubre de 2017, por el que se establece una cooperación reforzada para la creación de la fiscalía europea, constituye el impulso definitivo a la reforma del proceso penal español.

La definitiva consagración del principio acusatorio en el proceso penal se sustenta en la estricta división entre el juicio, plenamente sometido a la contradicción y publicidad ante un órgano jurisdiccional no contaminado por actuaciones previas, y la investigación o procedimiento preparatorio de la acusación (delimitación de hechos y presuntos responsables y decisión sobre el ejercicio de la acción penal), atribuida al Ministerio público, así como la investigación o procedimiento preparatorio de la acusación responsables y decisión sobre el ejercicio de la acción penal.

A lo largo de este libro se tratará de los principios de la reforma, la actuación del Ministerio Fiscal como director de la investigación penal sometido a los principios de legalidad, imparcialidad y oportunidad, y del juez garante de los derechos fundamentales de las partes del proceso.

La Circular de la Fiscalía 2/2022, de 20 de diciembre, de la Fiscalía General del Estado, sobre la actividad extraprocesal del Ministerio Fiscal, en el ámbito de la investigación penal, se dicta para garantizar los criterios de actuación de la fiscalía en la actividad de investigación extraprocesal y como preparación a lo que puede ser en un futuro inmediato, la atribución definitiva de la investigación procesal al Ministerio Fiscal.

No obstante quedan fueran del Anteproyecto del nuevo código procesal penal y de la citada Circular las funciones instructoras encomendadas al Fiscal instructor en el proceso de responsabilidad penal de menores regulado en la Ley Orgánica 5/2000, de 12 de enero, reguladora de la responsabilidad penal de menores. La delimitación de estas funciones del Fiscal instructor y del juez exigen un examen exhaustivo de las mismas, para abordar la nueva función de dirección jurídica que se encomienda al ministerio público.

I.

EL NUEVO MODELO DE PROCESO PENAL: EL FISCAL INVESTIGADOR

Con la promulgación de la CE de 1978, se atribuye al Ministerio Fiscal la misión de promover la acción de la justicia, garante de la legalidad, y la defensa de los derechos de los ciudadanos y del interés público tutelado por la ley. En este sentido el proceso penal les otorga facultades para el ejercicio de las acciones penales, si consideran que los hechos pueden revestir caracteres de delitos, pudiendo abstenerse cuando los hechos no entrañen ningún ilícito penal. De este modo, el actual proceso penal español distingue la función de dirección de la instrucción del juez, y la acusatoria del Ministerio Fiscal, dando cabida y salvaguardando los derechos de los ciudadanos y las garantías procesales.

No obstante, el EOMF y la LECrim[1], atribuyen al Ministerio Fiscal la posibilidad de investigar los hechos con trascendencia penal denunciados o que se encuentren insertos en los atestados a través de las Diligencias de Investigación.

Sin embargo, estas diligencias investigadores cuentan con importantes limitaciones ya que no pueden suponer ni la adopción de medidas cautelares ni implicar una limitación de los derechos. Y en todo caso deben estar presididas por los principios de contradicción, proporcionalidad y defensa de las partes, garantizando en todo caso el principio de legalidad.

---

1 *Vid.* el art. 5 del EOMF y el art. 773 de la LECrim regulan la actividad extraprocesal penal del Ministerio Fiscal.

A. El principio de legalidad penal en la actuación investigadora y el nuevo principio de oportunidad

El principio de legalidad penal se reconoce en el artículo 25.1 de la CE, al establecer que nadie puede ser condenado o sancionado por acciones u omisiones que en el momento de producirse no constituyan delito o infracción administrativa, según la legislación viene en el momento de producirse. Igualmente y en concordancia con nuestro CP, tampoco puede ser condenado con una pena sino existe un conocimiento previo de los delitos y de las penas, con anterioridad a su comisión[2].

El principio de legalidad se predica en todas las actuaciones llevadas a cabo por el Ministerio Fiscal de acuerdo con lo dispuesto en el art. 124.2 de la CE[3], y más aún cuando la encomienda de la dirección de la investigación procesal que se le atribuye, constituyendo por tanto un acto de legitimación singular y específico[4].

No obstante, este principio de legalidad debe compatibilizarse con el principio de oportunidad aplicable a toda realidad en el derecho penal material[5]. Y ello es así, porque ningún sistema penal existente persigue todos los hechos con una cierta apariencia delictiva, tanto por razones de economía procesal, falta de medios materiales o por cuanto el derecho penal debería ser frente a hechos de escasa o nula gravedad social la «última ratio», frente a sistemas menos punitivos e inquisitivos[6]. Ahora bien, debe tratarse

---

2 ARMENTA DEU, T., *Lecciones de Derecho Procesal Penal*. Madrid: Marcial Pons, 8.° edición Madrid, 2015, pp. 41- 44.

3 MARCHENA GÓMEZ, M., p. 124

4 BASTARRECHE BENGOA, T., *Constitución y Ministerio Público: Holanda, Italia y España* (1a ed.). Navarra: Thomson Reuters. 2010, P.376

5 URQUÍA GÓMEZ, F., *El principio de legalidad y el principio oportunidad. En Ministerio de Justicia*, Centro de Publicaciones (ed.), Congreso de Derecho Procesal de Castilla y León: La reforma del proceso penal, 1989, p. 943.

6 FLORES, I., *Algunas reflexiones sobre la naturaleza jurídico-política del Ministerio Fiscal en España*. Boletín del Ministerio de Justicia, n.° 2084, Madrid, 2009, pp. 134-135.

de una oportunidad reglada[7], cuyas condiciones de aplicación se establecen previamente en la ley, para que sea su uso legítimo, evitando de esta forma una oportunidad abierta y libre[8].

EL principio de oportunidad se sustenta en principios ajenos a los previstos en la actuación del Ministerio Fiscal. La Memoria de la Fiscalía General del Estado del año 1983 estableció,

> «El Ministerio Fiscal no está facultado para acogerse al principio de oportunidad, de modo que, conocido un hecho delictivo con visos de certeza, ningún poder del Estado tiene en sus manos resortes lícitos para evitar que el Ministerio Fiscal cumpla sus obligaciones, y es evidente también que, advertida la improcedencia de una acusación, nadie puede lícitamente ordenar su mantenimiento por razones de conveniencia política o de otra índole»[9].

Por tanto el principio de oportunidad no es incompatible en todo caso con el de legalidad ni tampoco con el de imparcialidad, siempre que se actúe con criterios de racionalidad y conforme a Derecho[10]. No obstante debemos apartarnos de criterios políticos, utilitaristas, partidistas y supuestamente legítimos en la aplicación de las normas penales que supondrían una desviación del ejercicio de la función jurisdiccional[11].

7 Conde-Pumpido, C., *El principio de oportunidad reglada: su posible incorporación al sistema del proceso penal español*. En Ministerio de Justicia, Centro de Publicaciones (ed.), Congreso de Derecho Procesal de Castilla y León: La reforma del proceso penal, 1989, pp. 287-308.

8 Conde-Pumpido, C. «El principio de legalidad y el uso de la oportunidad reglada en el proceso penal», en *Revista de Poder Judicial*, no especial VI, 1989, pp. 35-36.

9 Memoria de la Fiscalía General del Estado de 1983, p. 21.

10 Ruíz Vadillo, E., «La actuación del Ministerio Fiscal en el proceso penal», en *Revista del Poder Judicial*. Número 2, 1988. CGPJ. Madrid pp. 1-37.

11 Torre Ruiz, J., *Notas sobre el ejercicio de la jurisdicción penal en un Estado de Derecho constitucional*, en segundas jornadas de derecho judicial, Ministerio de Justicia, Madrid 1985, p. 427.

Como manifiesta Ruíz Vadillo, de acuerdo con lo expuesto en la Memoria de la Fiscalía de 1986[12], tanto los jueces como el Ministerio Fiscal deben procurar la realización de la justicia a través del ordenamiento jurídico en la que presiden los principios de legalidad e imparcialidad.

Este principio de legalidad compatible con el de oportunidad debe presidir en toda actuación investigadora que lleva a cabo el Ministerio Fiscal y que en un futuro se le encomiende en su calidad de director de la investigación. Atribuyendo al juez de garantías el control y el respeto de los derechos fundamentales que pudieran verse conculcados en esta fase investigadora, especialmente cuando se adopten medidas cautelares. Cuestionar su actuación fuera de la legalidad o imparcialidad sería como cuestionar la imparcialidad y legalidad del juez en su función jurisdiccional[13].

A) El principio de oportunidad en el nuevo Anteproyecto de la LECrim

En el Anteproyecto de la nueva LECrim de 2020, se introducen importantes novedades en cuanto principio de oportunidad. El legislador considera que debe ser entendido: «de acuerdo con criterios político-criminales basados en la falta de necesidad de pena en el caso concreto o en un margen de reducción de la pena ligado a la institución de la conformidad»[14]. Regula el archivo por oportunidad respecto de aquellos delitos castigados con penas que no exceden de los dos años de privación de libertad, pero excluido de determinadas materias por su importancia y transcendencia como los delitos violentos, corrupción pública o privada o cometidos contra menores de trece años.

También se introduce el archivo con condición para aquellos delitos castigados con penas privativas de libertad no superior a cinco años, dentro de los límites y fuera de los casos excluidos antes mencionados. Debe contar con el consentimiento de la víctima y cumplir una serie de condiciones el penado entre las que se encuentra el resarcimiento de los daños y perjuicios.

---

12 Ruíz Vadillo, E., *La actuación (...), cit.* p. 15.

13 Ruíz Vadillo, E., *La actuación (...), cit.* p. 15.

14 *Vid*. Anteproyecto de la LECrim de 2020 (...), p. 21.

Es cierto que se atribuye un cierto margen de discrecionalidad al Fiscal director de la investigación en su aplicación, pero también que deberá actuar dentro de los límites y criterios que el Fiscal General del Estado le haya impartido. Se asegura de este modo tanto el principio de unidad de actuación como el de igualdad de aplicación de la ley penal. Pero en ningún caso este principio de oportunidad puede suponer un derecho del penado.

Por otra parte, se introduce un supuesto de oportunidad relacionado con la persecución de la criminalidad organizada y la consecución de su éxito. En concreto se utilizará para evitar que en el curso de una compleja investigación de criminalidad organizada, la investigación de menor importancia ponga en peligro el éxito del procedimiento.

También se introduce una importante reforma en cuanto la figura del principio de oportunidad y la regulación de la conformidad para la aplicación de delitos castigados con penas superiores a cinco años—por tanto, superiores a las permitidas— que quedarían permitidas dentro de importantes y rigurosos controles judiciales, en un documento que después de ser negociado entre el investigado o acusado con el Ministerio fiscal, sería ratificado ante el juez de garantías constitucionales.

Por último y como complemento del principio de oportunidad se regula la justicia restaurativa[15], a la que puede acudir el Ministerio Fiscal, quien, tras decretar el archivo por oportunidad, puede aplicando los principios de la justicia restaurativa, condicionando su aplicación a la satisfacción extraprocesal y reparación de la víctima. En este sentido GIMÉNEZ SALINAS, destaca el. Modelo de justicia restaurativa, como nuevo modelo de justicia[16].

En la actualidad, existe una importante iniciativa legislativa[17] que pretende un cambio del sistema procesal penal

15 *Vid.* DE LA CUESTA, J.L./GERMÁN I., *La Justicia Restaurativa en España*, Iustel, 2022, Madrid, p. 27.

16 GIMÉNEZ SALINAS, E./RODRIGUEZ AÍDA, C., «El concepto restaurativo como principio en la resolución de conflictos», en DE LA CUESTA/SUBIJANA, *Justicia restaurativa y terapéutica. Hacia nuevos modelos de justicia*. Valencia. Tirant lo Blanch. P.61-74.

17 En la actualidad, el Anteproyecto de la LECrim de 2020 se encuentra en fase de discusión parlamentaria.

actual, mediante la sustitución de la instrucción judicial por la dirección de la investigación procesal del Ministerio Fiscal[18], y el mecanismo de determinación del juez de garantías, siguiendo el modelo de los sistemas de derecho comparado europeo y el Reglamento de la Fiscalía Europea[19].

B. Las carencias del proceso penal

El proceso penal es el medio a través del cual se materializa la aplicación del Derecho Penal. El Derecho Penal se hace realidad a través del proceso. Cualquier tipo de deficiencia, anomalía, o carencia en el proceso penal afecta de forma absoluta al derecho pena sustantivo. En este sentido deben garantizarse los principios de nuestro proceso penal para la consecución del éxito del Derecho penal.

Nuestro sistema procesal penal acusatorio o mixto, a diferencia del sistema anglosajón se caracteriza durante la fase investigadora por las notas de judicialización, carácter inquisitorio, exhaustividad, relevancia en la fase probatoria del sumario escrito, y dilatación procesal[20]. De este modo podemos destacar:

- La dirección judicial de la fase de investigación se atribuye al órgano judicial.
- La actuación de oficio del órgano judicial, siendo éste además el garante de los derechos fundamentales de las partes.
- La fase de investigación se materializa en la instrucción de carácter escrito a través del sumario.

18 Sáinz Moreno, F., *El Ministerio Fiscal: garantía de defensa de la legalidad*, en publicación extraordinaria colectiva 40 años del Estatuto Orgánico del Ministerio Fiscal al servicio de la sociedad», Fiscalía General del Estado, Madrid 2021, pp. 31 a 37.

19 El Reglamento (UE) 2017/1939 del Consejo, de 12 de octubre de 2017, establece una cooperación reforzada para la creación de la Fiscalía Europea.

20 *Vid.* Ramírez Ortíz, J., «El sistema de plazos en la instrucción. Aspectos generales y tres cuestiones concretas», en *La aplicación judicial del nuevo modelo de investigación penal. Derecho de defensa y plazos de instrucción*. Cuadernos Digitales de formación, n.º 53. 2018, CGPJ, Madrid. p. 58.

- Relevancia probatoria en la fase del juicio oral de la fase de instrucción.
- Dilatación en el tiempo de la fase instructora.

Sin embargo, en el sistema anglosajón:

- La dirección de la investigación judicial se atribuye al Ministerio Fiscal y a la Policía judicial.
- La actuación del juez durante la fase de investigación es eminentemente de garantía de los derechos de las partes.
- Las diligencias practicadas en la fase de investigación no suelen tener una relevancia probatoria en la fase del juicio oral, salvo excepciones.
- Brevedad en la fase de investigación.

La Resolución del Consejo de 30 de noviembre de 2009, sobre un plan de trabajo para reforzar los derechos de los sospechosos o acusados en los procesos penales establecía un proyecto de Directiva para la unificación de los sistemas procesales penales. Fruto de estos trabajos se han dictado numerosas Directivas europeas que garantizan los derechos de las partes en el proceso penal, menores, presunción de inocencia, contradicción, asistencia jurídica gratuita, libertad ambulatoria, en este sentido podemos citar:

- La Directiva (UE) 2016/343 del Parlamento Europeo y del Consejo, de 9 de marzo de 2016, por la que se refuerzan en el proceso penal determinados aspectos de la presunción de inocencia y el derecho a estar presente en el juicio.
- Directiva 2016/800/UE de 11 de mayo relativa a las garantías procesales de menores sospechosos o acusados en los procesos penales.
- Directiva 2016/1919/UE de 26 de octubre, relativa a la asistencia jurídica gratuita a los sospechosos y acusados en los procesos penales y a las personas buscadas en virtud de un procedimiento de orden europea de detención.

Aunque es el Reglamento de la UE 2017/1939 el que otorga la dirección de la investigación criminal a la Fiscalía Europea y el que unifica un sistema de investigación judicial por el Ministerio Fiscal.

C. El Reglamento de la Fiscalía Europea y la creación de la Fiscalía Europea

El nuevo modelo que implanta el Rg (UE) 2017/1939, mediante la creación de la Fiscalía Europea, otorga la dirección de la investigación criminal a la Fiscalía Europea, quien además acordará no sólo su iniciación, sino también su continuación y conclusión de la misma. De este modo, se continúa el sistema seguido por gran parte de los países de la UE, atribuyendo la función instructora al ministerio público.

La creación de la Fiscalía Europea nace de una propuesta de la Comisión en el 2013 para la lucha contra la delincuencia frente a los intereses financieros de la UE[21]. En la misma se propone la creación de una Fiscalía Europea central sobre la base normativa de los artículos 85 y 86 del TFUE[22], establecen:

> «La Fiscalía Europea, en su caso en colaboración con Europol, será competente para descubrir a los autores y cómplices de infracciones que perjudiquen a los intereses financieros de la Unión definidos en el reglamento contemplado en el apartado 1, y para incoar un procedimiento penal y solicitar la apertura de juicio contra ellos. Ejercerá ante los órganos jurisdiccionales competentes de los Estados miembros la acción penal relativa a dichas infracciones».

De esta manera, se crea una Fiscalía europea de carácter indivisible dentro de la Unión que funciona como un organismo central encargado de controlar, dirigir y supervisar todas las investigaciones iniciadas por los Fiscales Europeos Delegados y los procesos penales en los que estos intervengan, garantizando de ésta forma una actuación coherente de la Fiscalía Europea. Cuenta además con un nivel descentralizado compuesto por los Fiscales Europeos delegados inte-

---

21 Propuesta de Reglamento del Consejo relativo a la creación de la Fiscalía Europea. COM (2013) 534 final. Bruselas 17 de julio de 2013.

22 HERNÁNDEZ LÓPEZ, A., «El Reglamento (UE) 2018/1727 sobre la agencia de la Unión Europea para la Cooperación judicial penal (Eurojust): Luces y sombras al amparo de los Arts. 85 y 86 TFUE». *Revista de Estudios Europeos*, N.° 75, 2020. pp. 225-241.

grados en los sistemas judiciales nacionales de los diferentes estados miembros, quienes deberán ejecutar las instrucciones del Fiscal Europeo. Se trata del primer paso para lograr la cooperación reforzada y así crear un verdadero espacio penal comunitario[23].

Se introducen como basamento de la actuación de la Fiscalía, el principio de territorialidad europea y el principio del procedimiento contradictorio. Con el de territorialidad, la fiscalía podrá actuar por todo el sistema de la unión sin ningún tipo de obstáculo transfronterizo[24]. Además, las partes contarán, con los mismos derechos de defensa y podrán acceder a todas las pruebas cualquiera sea el territorio donde se encuentren[25].

Fruto de estos debates, el proceso culminó en la adopción del ya mencionado Reglamento 2017/1939/UE de 12 de diciembre de 2017 por el que se establece una cooperación reforzada para la creación de la Fiscalía Europea, y con ella el inicio de la tan ansiada consecución del espacio de libertad, seguridad y justicia de la Unión europea en 2017[26].

No obstante este sistema tenía importantes detractores que veían peligrar su soberanía nacional en el ámbito penal y su legitimidad, lo que conllevó la inclusión de los Fiscales Europeos dentro del nivel central de la Fiscalía Europea, con la función de servir de enlace entre las Salas Permanentes y los Fiscales Europeos Delegados y de vínculo entre la Fiscalía y los Estados miembros con el objetivo de mejorar y aumentar la cooperación entre la Fiscalía y las autoridades nacionales competentes.

---

23 ZÁRATE CONDE, A., DE PRADA RODRÍGUEZ, M., «La Fiscalía europea: una realidad cada más cercana». *Diario la Ley*, n.º 8641, 2015.

24 *Vid.* WHITE, S. «Towards a descentraled European Public Prosecutor's Office?» *New Journal of European Criminal Law*, 4, 2013.

25 En este sentido, *vid.* GALÁN FERNÁNDEZ, I., *Combate al fraude en la UE, la fiscalía europea*, NICOLÁS RODRÍGUEZ, (dir. tes), Universidad de Salamanca, 2020. Resumen.

26 PÉREZ MARÍN, M.A., «El Reglamento (UE) 2017/1939 de la Fiscalía Europea. La actuación de la Fiscalía europea y la posible afectación de los derechos y las garantías procesales. Algunas consideraciones preliminares. Los avances del espacio de Libertad, Seguridad y Justicia de la UE en 2017».

En España, será a través de la Ley Orgánica 9/2021, de 1 de julio, de aplicación el Reglamento (UE) 2017/1939, que contiene las normas de aplicación al ordenamiento español al procedimiento especial del mismo creando la novedosa figura del juez de garantías, ajeno al procedimiento, que asume las funciones de control jurisdiccional, frente a la adopción de las medidas de investigación restrictivas de derechos fundamentales, así como la adopción o ratificación de las medidas cautelares adoptadas con carácter urgente[27].

Ante esta nueva perspectiva, se demanda por el legislador español un nuevo modelo procesal penal de dirección de la investigación penal, que se ha visto plasmado en el Anteproyecto de Ley Orgánica de Enjuiciamiento Criminal, al cual nos vamos a referir en el siguiente apartado.

D. El Anteproyecto de la Ley Orgánica de Enjuiciamiento Criminal de 2020 y el Fiscal director de la investigación oficial

1) Fines principales de la reforma

En el Anteproyecto se establecen de forma novedosa, por un lado, la figura del fiscal investigador, por otro el juez de garantías constitucionales y por último el Juez de la Audiencia Preliminar. De este modo se lleva a cabo una clara distinción entre las funciones de investigar, tutelar los derechos de los investigados y decidir sobre si se acuerda la apertura del juicio oral y la validez de las pruebas practicadas.

Se atribuye al Ministerio Fiscal la dirección del procedimiento de investigación oficial, garantizándose de esta forma la imparcialidad y objetividad del juez.

El nuevo órgano judicial deja de ser el impulsor del proceso, para garantizar los derechos individuales que pudieran verse conculcados en la fase de investigación con la adopción de aquellas medidas cautelares que supongan una restricción de derechos fundamentales.

---

27 *Vid.* la Exposición de Motivos de la Ley Orgánica 9/2021, de 1 de julio, de aplicación del Rg (UE)2017/1939.

Y por último se destaca que el Juez de la Audiencia Preliminar, será el encargado, como Magistrado del órgano colegiado, de decidir si procede la apertura del juicio oral o el sobreseimiento y sobre la licitud de las pruebas propuestas para la fase del juicio oral. Eso sí, no formará parte del órgano de enjuiciamiento quien dictará la correspondiente sentencia[28].

La importante labor investigadora del Ministerio Fiscal a través de su actividad extraprocesal constituye el preludio de la nueva dirección procesal que el legislador quiere encomendarle, acorde con el modelo procesal penal europeo que existe en gran parte de nuestros socios comunitarios, y que en la actualidad tiene un breve reflejo en los artículos 773 de la LECrim y 5 del EOMF, a los que posteriormente se hará un mayor desarrollo de los mismos que regulan respectivamente el contenido y los límites de esta actividad extraprocesal.

Su atribución de director de la investigación procesal tiene sus orígenes en la LECrim de 1882, que contaba inicialmente con un marcado corte liberal, pretendiendo superar el sistema inquisitivo procedente de la Baja Edad Media que prohibía que la autoridad pública encargada de dirigir la investigación pudiera proceder al enjuiciamiento de los hechos. Por ello en un primer momento la legislación de Bases de 1881 concedía la posibilidad de acumular las funciones de investigar y acusar. Sin embargo la modificación de la ley de bases de 1882, frustró el propósito confiriéndolo a los jueces de primera instancia con competencias civiles[29]. En concreto en la propia exposición de motivos de la referida Ley de Bases se justificó esta modificación señalando expresamente[30]:

> «Suponiendo que algún día el legislador, echándose en brazos de la lógica, llegase hasta el último límite del sistema acusatorio, el Gobierno de V. M. ha creído que la

28 López Ortega, J., «El Anteproyecto de la Ley de Enjuiciamiento Criminal de 2020: resumen de contenidos de la nueva Ley», en El proceso penal práctico: análisis de cuestiones polémicas (2021), *Revista de Formación a Distancia del CGPJ*, n.° 3, 2021, págs. 1-10.

29 *Vid.* Anteproyecto de Ley de Enjuiciamiento Criminal de 2020. Exposición de Motivos. Versión para exposición pública. 2020. p. 3.

30 *Vid.* La Exposición de Motivos del Real Decreto de 14-09-1882, por el que se aprueba la actual LECrim.

transición era demasiado brusca para este país, en que los Jueces han sido hasta ahora omnipotentes, persiguiendo los delitos por su propia y espontánea iniciativa, instruyendo las causas los mismos que habían de fallarlas, ejerciendo la facultad omnímoda de separarse de los dictámenes fiscales, así en la sustanciación como en la sentencia definitiva, calificando según su propio juicio el delito y designando la pena sin consideración a las conclusiones de la acusación y la defensa, y empleando por último la fórmula de absolución de la instancia, o, lo que es lo mismo, dejando indefinidamente abierto el procedimiento cuando faltos de prueba para condenar, infundían en su mente las diligencias sumariales livianas sospechas sobre el acusado. La sociedad debe marchar como la naturaleza, gradualmente y no a saltos: los progresos jurídicos deben irse eslabonando, si han de encarnar en las costumbres del país».

Sin embargo, esos cambios no se llevaron a cabo, incluso se volvieron a acumular las funciones de instrucción y enjuiciamiento en el mismo juez, con claros tintes inquisitivos.

El Tribunal Constitucional en la Sentencia 1445/1988[31], siguiendo la doctrina del TEDH, tras el pronunciamiento en los casos de Cubber y Pierseck[32], consideró la posible pérdida de imparcialidad del juez instructor por haber realizado actuaciones previas al juicio de carácter extraprocesal, adelantando de este modo a favor de, atribuir a órganos diferentes la labor investigadora de la labor enjuiciadora y garante de derechos fundamentales. Y en el mismo sentido el TC se pronunció en la Sentencia 162/1999, de 27 de septiembre[33], sobre la incompatibilidad entre las funciones del fallo de la sentencia y las de acusación o auxilio de la acusación. El TEDH ya se había pronunciado en el caso *Hauschildt*[34] sobre

31 Sentencia del TC 145/1988, de 12 de julio, ECLI:ES:TC:1982/145.

32 *Vid.* las Sentencias del TEDH caso de Cubber, de 26 de octubre de 1980, la n.° 9186/1980, y caso Pierseck de 1 de octubre de 1982, n.° 8692/79.

33 Sentencia del TC162/1999, de 27 de septiembre, ECLI:ES:TC:1999/162.

34 *Vid.* STEDH *Hauschildt* vs. Dinamarca. Tribunal Europeo de Derechos Humanos, de 24 de mayo, 1989.

el quebrantamiento de la imparcialidad del juez de instancia, señalando que el mero hecho que un juez de primera instancia o de apelación en un sistema como el danés, —en la que las funciones instructoras y/ o investigadoras están atribuidas al Ministerio Fiscal o a la Policía—, haya dictado resoluciones antes del juicio especialmente sobre la libertad provisional no basta para justificar los temores de su imparcialidad, ya que actúa como garante de los derechos fundamentales de persona.

En definitiva y como se expone en el citado Anteproyecto[35], con la aludida jurisprudencia se denunciaba el grave perjuicio que conlleva que el órgano judicial fuera el impulsor de la actividad pública investigadora, manifestación sin duda del ejercicio de la función jurisdiccional, al conllevar la adopción de medidas cautelares o autorización de actuaciones de injerencia en derechos fundamentales, entre otras y que en ningún caso y a efectos de garantizar la imparcialidad objetiva, puede encomendarse al mismo órgano judicial que dirige e impulsa las investigaciones. En tal sentido, la reforma apuesta por restaurar al juez en la posición de garantías constitucionales.

El juez de garantías constitucionales

El nuevo modelo de tutela judicial en la fase de investigación requiere la presencia y determinación del Juez de Garantías. El juez de garantías no recibe directamente la noticia criminis, sino que le corresponde al Ministerio Fiscal. No obstante, se le comunicará por escrito el inicio del procedimiento, así como el Decreto por el que el Ministerio Fiscal acuerda no haber lugar a investigar el hecho por no revestir las características del delito.

Además, el fiscal deberá acudir a la figura del juez de garantías, toda vez que se adopten medidas cautelares que supongan la injerencia en los derechos de los particulares o supongan una limitación de estas.

35 Anteproyecto de la LECrim de 2020. *Op. cit.* p. 5.

2) Legitimación constitucional de la nueva investigación penal

La reforma del proceso penal encuentra su base constitucional en los artículos 24.2 que regula el derecho al juez ordinario predeterminado por la ley, a la defensa y a la asistencia letrada, a ser informado de la acusación, a un proceso público con todas las garantías, y a utilizar los medios pertinentes para la defensa, a no declarar contra sí mismo, a no confesarse culpable y a la presunción de inocencia. El art. 117.4 de la CE establece así mismo que los jueces y magistrados son titulares exclusivos de la función de juzgar y hacer ejecutar lo juzgado —función jurisdiccional a la que solo puede añadirse, por disposición legal, el ejercicio de otras tareas que sean de estricta garantía de derechos (artículo 117.4)—. Mientras que corresponde al Ministerio Fiscal como promotor de la acción de la justicia en defensa de la legalidad y del interés público tutelado por la ley (artículo 124.1 CE), aparece, por tanto, como titular de la acción pública que él mismo debe promover activamente, se comprende enseguida que el proceso penal del siglo XXI debe ser, ante todo, un sistema integral de garantías. El edificio procesal que debe alzar el legislador ordinario ha de asentarse, por ello, para lograr una mínima firmeza, sobre cimientos constitucionales.

E. Las diligencias de Investigación del Ministerio Fiscal: Circular 2/2022

Actualmente nuestro ordenamiento jurídico atribuye al Ministerio Fiscal una limitada regulación en su actividad de investigación extraprocesal penal de acuerdo con lo dispuesto en los arts. 5 del Estatuto Orgánico del Ministerio Fiscal y 773 de la actual LECrim. En concreto, la averiguación de todos los delitos de los que tuviera noticia, con la excepción de los delitos privados, hallándose facultado el/la fiscal para practicar cuantas diligencias considere necesarias, salvo aquellas que limiten derechos fundamentales, excepción hecha de la detención preventiva.

A pesar de lo dispuesto en el Anteproyecto, que convertiría al Ministerio Fiscal en director de la investigación, la investigación del Ministerio Fiscal actualmente no es una alternativa a la instrucción judicial, sino una posibilidad previa a la misma que no la sustituye, sino que la complementa y en muchos de los casos las simplifica[36]. Se habla incluso de una actividad intermedia entre la investigación policial y judicial[37].

Y en este sentido, el TS señala que los actos de prueba susceptibles de integrar la apreciación probatoria al objeto de dictar sentencia son de naturaleza jurisdiccional y solo pueden emanar del órgano jurisdiccional, que en definitiva es el órgano decisorio, STS 980/2016, de 11 de enero de 2017[38]. Incluso una manifestación de esta naturaleza jurisdiccional deriva que la incoación de las diligencias de investigación por el Ministerio Fiscal carezca de eficacia para interrumpir la prescripción del delito STS, núm.228/2015, de 21 de abril de 2015[39].

Ahora bien, como indica el art. 9 del Real Decreto 305/2022, de 3 de mayo, por el que se aprueba el Reglamento del Ministerio Fiscal, las diligencias de investigación que realiza el MF no se circunscriben estrictamente a una fase preprocesal sino que como se establece en el art. 773.1 de la LECrim y el art. 5.1 del EOMF, esta actividad no se reduce a lo que pueda hacer antes de la incoación del proceso, sino que puede extenderse durante la tramitación del procedimiento judicial incluso tras el sobreseimiento provisional puede llevarse a cabo investigaciones a fin de lograr su posterior reapertura[40]. En consecuencia, se distinguirá entre diligencias de investigación preprocesal, realizadas antes de la incoación del procedimiento judicial; las de investigación auxiliar, practicadas durante la tramitación del procedimiento judicial y las de investigación posprocesal, para referirse a las que se practiquen tras el sobreseimiento provisional de las actuaciones judiciales.

---

36 En este sentido, ver la Consulta de la FGE núm. 2/1995 que dispone «que la investigación del fiscal en nuestro actual sistema procesal no se concibe como una alternativa a la instrucción judicial sino como una posibilidad previa a la misma que no la sustituye aunque no pueda simplificarla o allanarla.

37 *Vid.* la Circular de la FGE núm1/1989 y la Instrucción de la FGE3/2004.

38 *Vid.* la STS 989/2016, 11 d enero de 2012, Sala de lo Penal, Sección I, ECLI:ES:TS:2017:16.

39 *Vid.* STS 228/2015, de 21 de abril de 2024, ECLI:ES:TS:2015:1516.

40 *Ibídem*.

En los siguientes apartados se analizarán de acuerdo con lo dispuesto en la Circular 2/2022 las diligencias de investigación a los efectos de determinar la actuación del MF en la investigación judicial.

1. Diligencias de investigación preprocesales

En la fase de instrucción, se practican una serie de actos de investigación encaminados a la averiguación del delito e identificación del delincuente[41]. No son pruebas de cargos en sí mismas, sino que tienen la finalidad de preparar el juicio oral, aportando los elementos necesarios para la acusación y defensa.

Las diligencias realizadas por el Ministerio Fiscal en esta fase carecen de aptitud por sí solas para preparar el juicio oral, pero sí son un vehículo para el inicio del proceso judicial, ya que en base al resultado conseguido con las mismas el fiscal decidirá o bien archivar le denuncia o ejercitar la acción penal[42].

1.1. Incoación

La incoación de las diligencias de investigación preprocesales se producirá cuando exista una denuncia, remisión de un atestado policial, orden europea de investigación, comisión rogatoria, remisión de los testimonios acordados o por cuando el Ministerio Fiscal tenga conocimiento por cualquier vía de información de la presunta comisión de un hecho delictivo. En este sentido, las denuncias anónimas, sospechas o rumores sólo podrán conllevar el inicio de una investigación cuando tengan un sustento suficiente para ello, comprobación de que no existen actuaciones judiciales sobre los mismos hechos y la identidad del fiscal responsable de la investigación[43].

La incoación se realizará mediante Decreto que contendrá, sucinta relación de los hechos investigados, la identidad de la persona considerada sospechosa, calificación de los hechos investigados, y las diligencias necesarias de investigación.

41 *Vid.* Art. 299 de la LECrim.

42 *Vid.* STS 228/2015.

43 Circular 2/2022. p. 89.

1.2. Garantías extraprocesales de la persona sospechosa

La persona investigada adquirirá formalmente la condición de sospechosa desde el momento en el que concurra presupuesto material de imputación contra ella que sustente la atribución de un hecho delictivo. Desde ese momento, éstas asistidas por representación letrada podrán tener conocimiento de las diligencias practicadas. Y es a partir de ese momento cuando la fiscalía valorará interponer denuncia o querella criminal, dando por terminada la fase pre procesal al objeto de instar el secreto de las actuaciones que se desarrollarán bajo el principio de contradicción de las partes.

1.3. Conclusión y archivo de plano sin remisión al órgano judicial

Sobre el momento de cuando debe dar por concluida la investigación pre procesal y proceder a incoar la acción penal, la citada STS 228/2020 establece que se deberá analizar[44]:

- La necesidad de interrumpir los plazos de prescripción mediante el ejercicio de la acción penal.
- La necesidad de instar la adopción de medidas cautelares.
- El secreto de las investigaciones
- La necesidad de practicar diligencias que precisen autorización judicial
- La conveniencia que la investigación se desarrolle bajo el principio de contradicción.

La conclusión de las diligencias de investigación pre procesales se acordará mediante decreto motivado, que se elevará previo a su conclusión a la jefatura o al fiscal jefe para su visado. Y tras su suscripción, si no procede su archivo, se presentará denuncia o querella ante el órgano judicial competente.

---

44 En este sentido, la Circular 2/2022 recoge lo establecido en la STS 228/2020, p. 13.

El Decreto motivado de conclusión y el archivo de plano sin remisión al órgano judicial se acordará en los siguientes supuestos:

- Cuando los hechos carezcan de tipicidad,
- Los hechos son inverosímiles y no han sido corroborados.
- Se haya extinguido la responsabilidad criminal.
- Exista una causa de exención de responsabilidad criminal del art. 31 bis CP.

No obstante, se prevé que si los sujetos sospechosos y presuntamente responsables no han sido identificados, el Ministerio Fiscal remitirá las actuaciones al órgano judicial competente con simultánea petición de incoación de diligencias y sobreseimiento provisional.

No obstante, el sobreseimiento provisional se acordará por motivos de oportunidad en los siguientes supuestos:

- En el procedimiento para el juicio sobre delitos leves, cuando el juez tras recibir el atestado considere que el delito denunciado es de muy escasa entidad[45] y gravedad y no resulte un interés público relevante[46] en la persecución del hecho.
- En los delitos de amenazas condicionales, cuando aquella consista en revelar o difundir un delito castigado con una pena de prisión inferior a los dos años, el Ministerio Fiscal podrá acordar su no persecución[47].

1.4. Reenvío directo de la denuncia o atestado policial

No obstante, el Ministerio Fiscal trasladará directamente al órgano judicial competente la denuncia o atestado poli-

45 Los criterios para determinar la escasa gravedad para proceder al archivo de las actuaciones por criterios de oportunidad están previstos en el art. 963.1.a) de la LECrim, en función de la naturaleza del hecho, las circunstancias y las personales del autor.

46 No existirá en los delitos patrimoniales cuando se haya procedido a la reparación del hecho y no exista denuncia del perjudicado.

47 *Vid.* art. 171, apdos. 2 y 3 del CP.

cial tras la previa incoación de diligencias de investigación y acuerdo motivado de reenvío directo, cuando en el momento de incoarse éstas se tuviera conocimiento de un procedimiento judicial en curso sobre los mismos hechos. En este caso, el decreto de incoación de las diligencias constituirá el acuerdo motivado de reenvío directo.

Si el conocimiento del procedimiento judicial abierto fuese posterior al decreto de incoación, será necesario un decreto motivado y visado que acuerde su remisión.

1.5. Decreto de conclusión e interposición de denuncia, querella o remisión del Decreto de propuesta del 803 bis. d) de la LECrim

Cuando el resultado de las diligencias de investigación determine la necesidad de ejercitar la acción penal, se dictará decreto motivado y visado de conclusión y de denuncia, querella o de propuesta del art. 803 bis d) de la LECrim.

1.6. La importancia de las diligencias de investigación en los delitos de agresión y acoso sexual

En los delitos semiprivados, como ocurre con los de agresión y acoso sexual, las diligencias de investigación serán el medio adecuado para ponderar los legítimos intereses en juego a los que prevé el art. 191 del CP para proceder o no a interponer la querella criminal. E igualmente sucede en aquellos casos en los que la víctima sea un menor o persona discapacitada necesitada de especial protección en los que la denuncia opere como condición objetiva de procedibilidad[48].

En los demás supuestos, si la víctima o perjudicado por el delito expresan su voluntad de no interponer denuncia o querella, el Ministerio Fiscal procederá a la conclusión de las diligencias de investigación sin perjuicio de recabar y conservar los vestigios del delito.

48 *Vid.* art. 191 del CP.

1.7. Medidas cautelares durante la tramitación de las diligencias de investigación

Durante la tramitación de las diligencias de investigación, los fiscales sólo podrán acordar como medida cautelar limitativa de derechos fundamentales la detención preventiva. Esta se podrá acordar mientras no exista un proceso penal en curso.

2. Diligencias de investigación auxiliares

Se prevé la posibilidad de acordar la práctica de diligencias de investigación auxiliares concretas y complementarias hasta el momento de la tramitación del curso de una investigación judicial, en cualquiera de las fases procesales del procedimiento judicial: instrucción, intermedia o juicio oral.

El Ministerio Fiscal podrá ordenar a la Policía judicial que practique algún tipo de diligencia concreta sobre algún aspecto puntual de la investigación. Una vez practicadas se deberán aportar al proceso, cualquiera que sea su resultado al objeto de garantizar en todo caso el principio de imparcialidad, contradicción y defensa de las partes[49].

Corresponderá acordar su práctica al Fiscal encargado de la llevanza del procedimiento judicial, se identificarán por el número de procedimiento y referencia al órgano judicial que conoce las actuaciones. El acuerdo de incoación adoptará la forma de Decreto, y se identificará con un número de registro propio correlativo e independiente al de las diligencias preprocesales y posprocesales.

En el procedimiento para el enjuiciamiento rápido de determinados delitos, corresponde al juez instructor la práctica de las diligencias urgentes para la práctica del juicio, no obstante, se da una participación activa al Ministerio Fiscal, estando legitimado para la práctica de dichas diligencias de investigación y aportando su resultado a la investigación procesal[50].

---

49 La instrucción de la FGE núm1/2008 de 7 de marzo aborda el tema de las diligencias auxiliares, señalando que no serán precisas por tales motivos la práctica.

50 El art. 797 de la LECrim, atribuye al Ministerio Fiscal la participación activa en la práctica de las diligencias urgentes que se practiquen en el curso de un juicio rápido.

Este tipo de diligencias de investigación requiere como regla general, la imputación material contra una o varias personas determinadas, debiendo de ser estas informadas sobre las mismas, tomen conocimiento y de este modo ejercitar el derecho de defensa. No obstante no se notificarán cuando se deban recabar de forma urgente una o varias fuentes de prueba a fin de lograr su inmediata aportación ante el órgano judicial y su realización no exija su realización de forma contradictoria[51].

Las diligencias de investigación auxiliares no se pueden tramitar con carácter secreto, por tanto si se acordarse el carácter secreto de las actuaciones de conformidad con lo previsto en el art. 302 de la LECrim, estas diligencias auxiliares no podrán practicarse.

3. Diligencias de investigación posprocesal

Las diligencias extraprocesales de carácter posprocesal se acordarán en la mayor parte de los casos en los supuestos de sobreseimiento provisional del art. 641 de la LECrim, al objeto de obtener nuevos elementos de prueba que permitan la reapertura del proceso archivado provisionalmente[52].

A través de estas diligencias se intentarán superar los déficits probatorios que en su caso pudieron conllevar el archivo provisional de la causa.

No obstante, se actuará de acuerdo con el principio de legalidad, que debe existir una imputación formal y, por tanto, ha de comunicarse a las partes la apertura de estas diligencias de investigación y su posibilidad de intervenir de forma contradictoria y tomar conocimiento de ellas a través de su asistencia letrada[53].

---

51 El art. 780.2 de la LECrim permite al Ministerio Fiscal y al Juez acordar la práctica de las diligencias de investigación auxiliares cuando falten los elementos esenciales de prueba para presentar el escrito de acusación, en el procedimiento abreviado.

52 La Circular de la FGE núm. 1/1989 sobre el procedimiento abreviado, legitima al Ministerio Fiscal para solicitar la reapertura del procedimiento sobreseído.

53 *Vid.* La Circular de la FGE núm. 1/2021 sobre los plazos de la investigación judicial del art. 324 de la LECrim.

Por último, la conclusión de las diligencias se acordará, mediante el correspondiente decreto motivado, aportándose de la causa sólo cuando resulte relevante y comunicándolo a la representación letrada de la persona sospechosa.

4. Duración de las diligencias de investigación

La duración de las diligencias de investigación será proporcionada al hecho investigado, siendo el plazo máximo el de seis meses prorrogables por Decreto motivado del Fiscal General del Estado.

Para los delitos de corrupción y criminalidad organizada[54] se prevé que el plazo será mayor de doce meses igualmente prorrogables[55].

El plazo empezará a computarse a partir de la fecha en que se dicte el decreto y el *dies ad quem* a partir del decreto de conclusión.

No obstante, estos plazos no deberían agotarse, sino que deben extenderse al menor tiempo posible como garantía de los procesados. El propio TC ha indicado «**Que el derecho a un proceso sin dilaciones indebidas no se encuentra conectado con el plazo de duración estatutario fijado reglamentariamente**»[56].

Ahora bien, el quebrantamiento de los plazos no implica la nulidad de lo actuado, por cuanto su validez dependerá de del modo en que la diligencia se haya practicado pero no del tiempo en que se haya excedido en su consecución, porque lo trascendente para decretar la nulidad es la indefensión material, no la formas.

Estos plazos quedan fuera de aplicación de lo previsto en el art. 324 de la LECrim sobre plazos de investigación judicial que prevén un plazo máximo de 12 meses desde la incoación de la causa, por lo que dicha disposición no impide que pueda

54 *Vid.* art. 570 de la LECrim.

55 *Vid.* art. 5 del EOMF.

56 STC 83/2022 de 27 de junio de 2022.

practicarse diligencias de investigación de carácter auxiliar o posprocesales una vez agotados los plazos procesales[57].

5. Valor de las diligencias de investigación

Las diligencias de investigación que lleva a cabo el MF gozan de la presunción de autenticidad, por lo que en consecuencia tienen el beneficio de la verdad formal, y hacen fe de su realización, pero no de la verdad material, ya que el resultado de las mismas quedará a la legítima apreciación del órgano judicial[58].

Las diligencias de investigación carecen como regla general del valor de prueba preconstituida, ya que se requiere la intervención del órgano judicial en su práctica. Excepcionalmente se podrán introducir al plenario cuando se limiten a constatar datos objetivos y de imposible reproducción en el acto del juicio oral y se introduzcan como prueba documental y sometiéndose al principio de contradicción. En este sentido, el TS ha señalado en Sentencia núm.427/2019 de 26 de setiembre, remitiendo a la Sentencia del TC núm. 80/1986, de 17 de junio, donde se indica que «en contadas ocasiones se ha admitido, integrar en la valoración probatoria el resultado de las diligencias sumariales de investigación si las mismas se someten a determinadas exigencias de contradicción. En ese ámbito se ha integrado, la forma de prestar declaración e incluso dar valor probatorio al contenido incriminatorio de manifestaciones prestadas fuera del juicio oral siempre que se garantice suficientemente el derecho de defensa del acusado».

El TEDH, ha establecido, en Sentencias de 20 de noviembre de 1989, caso *Kostovski*; o de 15 de junio de 1992, *caso Lüdi*; 23 de abril de 1997, *caso Van Mechelen y otros; 10 de noviembre de 2005, caso Bocos-Cuesta y de 20 de abril*, la posibilidad de integrar en la fase del juicio oral las declaraciones que han tenido lugar en la fase de investigación del delito, siempre que exista una causa que lo obstaculice, y siempre respetando los derechos defensa del acusado. de

57 *Vid.* la Circular de la Fiscalía General del Estado núm1/2021 sobre plazos de investigación judicial del art. 324 de la LECrim.

58 Circular de. La Fiscalía General del Estado núm. 1/1989 y las Instrucciones de la FGE 2/2000 y 3/2004.

2006, caso Carta). Por ello, de forma reiterada, el TEDH ha reiterado que «los derechos de defensa se restringen de forma incompatible con las garantías del art. 6 CEDH cuando una condena se funda exclusivamente o de forma determinante en declaraciones hechas por una persona a la que el acusado no ha podido interrogar o hacer interrogar ni en la fase de instrucción ni durante el plenario».

6. Recursos, comunicaciones y acceso a las diligencias de las partes

Las diligencias de investigación son irrecurribles, sin perjuicio que las partes puedan reproducir sus pretensiones ante los órganos judiciales.

El Tribunal Constitucional ha señalado que **el Ministerio Fiscal es un órgano constitucional con funciones en el orden penal y a su vez es una institución sometida al derecho administrativo en la gestión de sus recursos personales y materiales**. Es a él al que le corresponde determinar el modo del ejercicio de las acciones penales (Auto del TC 219/1984 de 4 de abril).

Lo perjudicados, ofendidos, denunciantes, o cualesquiera otros que tengas un interés legítimo no podrán personarse en este tipo de diligencias de investigación. No obstante, serán informados de la interposición de la denuncia, querella, o la remisión al juzgado del decreto de propuesta de imposición de pena en el proceso por aceptación de decreto[59], o en su caso su archivo.

La persona sospechosa salvo que se decrete el secreto de las comunicaciones tendrá conocimiento de la querella o denuncia que contra la misma se dirija, entregando copia de la documentación, salvo que en ese caso se haya decretado el secreto de las comunicaciones.

59 En el proceso por aceptación por decreto, es el MF el que propone la pena, identificando al investigado, describiendo el hecho investigado, el delito cometido (delito contra la seguridad del tráfico) y la pena propuesta(multa, o trabajos en beneficio de la comunidad y, en su caso, la de privación del derecho a conducir vehículos a motor o ciclomotores).

II.

LA INSTRUCCIÓN EN EL PROCESO PENAL DE MENORES: EL FISCAL DE MENORES. LA LEY ORGÁNICA 5/2000, DE 21 DE ENERO, REGULADORA DE LA RESPONSABILIDAD PENAL DE LOS MENORES, MÁS DE VEINTE AÑOS DE APLICACIÓN

La Exposición de Motivos de la Ley Orgánica reguladora de la responsabilidad de los menores, incluye la doctrina del Tribunal Constitucional contenida especialmente en las sentencias 36/1991, de 14 de febrero, y 60/1995, de 17 de marzo, sobre las garantías y el respeto a los derechos fundamentales, estableciendo unas medidas preventivo-especiales, orientadas especialmente a la reinserción y al superior interés del menor. Establece la Ley que las competencias corresponden al Juez ordinario, con categoría de Magistrado, y preferentemente especialista. Sin embargo, precisa que la intervención del Ministerio Fiscal es relevante, en su doble condición de institución que constitucionalmente tiene encomendada la función de promover la acción de justicia y defensa de la legalidad, así como los derechos de los menores velando por el interés de éstos. Por ello la ley le encomienda la dirección personal de la investigación de los hechos, así como las competencias necesarias para ordenar directamente a la policía judicial la práctica de las actuaciones necesarias para la comparación de los hechos y de la participación del menor en los mismos, impulsando el procedimiento.

A. El Fiscal de Menores

STC. 206/2003 de 1.1.2, respecto al enjuiciamiento de menores en el proceso seguido ante el Ministerio fiscal, y en la que se señala una capacidad probatoria distinta que deriva de la función instructora expresamente dispuesta en el ordenamiento jurídico para el enjuiciamiento de menores.

En el procedimiento penal contra menores delincuentes al Ministerio Fiscal, además del ejercicio exclusivo de la acción penal, le corresponde según establece el art. 6 de la LO 5/2000, de 12 de enero, reguladora de la responsabilidad penal de los menores, «La defensa de los derechos que a los menores reconocen las leyes así como la vigilancia de las actuaciones que deban efectuarse en su interés y la observancia de las garantías del procedimiento, para lo cual dirigirá personalmente la investigación de los hechos y ordenará que la policía judicial practique las actuaciones necesarias para la comprobación de aquellos y de la participación del menor en los mismos, impulsando el procedimiento».

1. El ejercicio exclusivo de la acción penal por el Ministerio Fiscal. La victima como coadyuvante sin acción

En el vigente proceso penal acusatorio, el Ministerio Fiscal al asumir la dirección personal de la instrucción, debe olvidar sus tradicionales inclinaciones tuitivas sobre los derechos fundamentales del imputado, que ahora se encomiendan al Letrado del menor, con la asistencia personal del Juez de Garantías Constitucionales.

El Ministerio Fiscal debe centrarse en el ejercicio exclusivo de la acción penal ante los Tribunales de Justicia[60],

60 «(...) el rasgo definitorio de la idea del Ministerio Fiscal radica precisamente en el ejercicio de la acción penal en el nombre del Estado. A este respecto, no cabe ignorar que, en bastantes ordenamientos, se encomiendan al Ministerio Fiscal cometidos de otra índole (tutela de los intereses de los menores, participación en los litigios relativos al estado civil, etc.). Ahora bien cualquiera que sea la valoración que ello pueda merecer, se trata de atribuciones accidentales, en el sentido de que varían notablemente de un ordenamiento a otro. Desde el punto de vista de la comparación, el ejercicio de la acción penal en nombre

entregando la defensa jurídica del imputado a su asistencia letrada, las funciones tuitivas sobre los derechos fundamentales del imputado al juez de garantías, y las decisorias al órgano sentenciador.

El Fiscal instructor, como cualquier otra autoridad o funcionario que intervenga en un procedimiento penal estará legalmente obligado a consignar y apreciar las circunstancias adversas como favorables al imputado, pero constituye un exceso lógico y jurídico que también se le encomiende «la defensa de los derechos que a los menores reconocen las leyes, así como la vigilancia de las actuaciones que deban efectuarse en su interés», porque esta es la misión de la asistencia letrada, que desde el mismo momento de la incoación del procedimiento, se le proporciona (art. 22 LO 5/2000)[61].

Sin embargo. existe una posición doctrinal totalmente contraria, que entiende que «aún cuando LO 5/2000 coloca al Ministerio Fiscal en una posición ambivalente y hasta contradictoria, en cuanto de un lado, se le encomiendan funciones de protección del interés del menor y de sus garantías fundamentales y de otro, se le otorga una función de acumulación de pruebas y del ejercicio de la acusación contra el menor, lo cual no deja de tener un fondo de verdad. Pero la propia ley se encarga de salvaguardar el cumplimiento del principio de imparcialidad de los Fiscales individuales que intervienen

del Estado es la única característica común a todas estas estructuras de agentes públicos y, por consiguiente, constituye el único dato sobre el que construir un concepto de Ministerio Fiscal de alcance general; es decir la única posible definición válida para más de un ordenamiento ha de partir de la idea del ejercicio de la acción penal como función pública». Díez-Picazo, Luis María, *El poder de acusar, Ministerio Fiscal y Constitucionalismo*. Ariel Derecho.1.° edición: septiembre de 2000. Págs. 12 y 12.

61 En el mismo sentido se pronuncia Marchena Gómez, para quien «el modelo instaurado habría quedado más nítidamente definido si se limitara a hacer del Fiscal un órgano de instrucción, sometido al control jurisdiccional que es propio del Juez de Menores, recordando a aquél la necesidad de respetar —más que garantizar— los derechos fundamentales que pueden quedar comprometidos durante la fase de instrucción del procedimiento. La lectura en paralelo de los art. 6 y 23 de la LO 5/2000 no conduce desde luego, a clarificar la genuina posición del Fiscal en el proceso penal ideado para el enjuiciamiento del menor delincuente». Marchena Gómez, M., *La Ley de Responsabilidad Penal de los Menores*. Trivium. Madrid 2001.

en el procedimiento haciendo que, cuando pueda darse un conflicto en la actuación del Fiscal que pueda afectar a tal imparcialidad, sean dos los Fiscales intervinientes, uno con la facultad de representar y defender el interés del menor, y otro al que corresponde instruir el expediente y adoptar decisiones que a tal menor atañen. Se olvida además con aquellas críticas que en materia de investigación y por el principio de imparcialidad la tarea del Fiscal ha de buscar la verdad material y aportar todos los elementos precisos para lograr su averiguación, tanto los que señalen al acusado como los que sean favorables y útiles a su defensa. Y en materia de acusación, en el ámbito de esta Ley, la función del Fiscal no es formular una acusación formal basada en la estricta legalidad interesando la imposición de unas medidas cuya finalidad es educativa y cuya ejecución se llevará a cabo en interés del menor, medidas que son por ello modificables cuando tal interés lo haga oportuno. Por lo que la doble confluencia en el Fiscal de defensa de las garantías e interés del menor e instructor de la fase investigadora del expediente y promotor de las medidas a imponer a aquél, es menos contradictoria de lo que proponen los censores de este planteamiento de la Ley, en cuanto ambas funciones tienen una inspiración y finalidad común, cual es el superior interés del menor»[62].

El epígrafe del art. 25 de la LO 5/2000, declara la inexistencia de acción particular y popular en el proceso y, en su párrafo 1.°, prohíbe el ejercicio de la acción penal por particulares.

Sin embargo, la LORPM, siguiendo las modernas orientaciones tendentes a la potenciación de la intervención de la víctima en el proceso penal, permite al ofendido, siempre y cuando concurren los presupuestos exigidos en el art. 25.2 «personarse en el procedimiento, tanto en la fase instructora, como en la de audiencia».

Se trata de una novedosa participación del ofendido, calificada como una presencia sui generis[63], ajena a lo que es el genuino ejercicio de la acción penal, en la medida que no puede provocar «por sí sola» la provocación del proceso

62 Conde Pumpido Ferreiro, *La Ley de Responsabilidad Penal de los Menores*. Trivium. Madrid 2001., págs. 123 y 124.

63 *Cfr.* Díaz Martínez, M., *La instrucción en el Proceso Penal de Menores, op. cit.*., Pág. 12.

penal de menores en orden a obtener una resolución motivada y fundada que ponga fin al procedimiento.

Su régimen de intervención no es, como acontece en el proceso de adultos, en calidad de parte principal, sino de mero coadyuvante de la acusación pública, quien al tener a su disposición el ejercicio de la acción penal limita con sus decisiones sus posibilidades de actuación. Si el Fiscal da por conclusa la fase de instrucción y propone al Juez el sobreseimiento y archivo, el ofendido no puede oponerse eficazmente a su decisión, ni impulsar con actos propios el proceso, ni tan siquiera recurrir el subsiguiente auto de sobreseimiento, pues solo en la medida en que el Ministerio Fiscal sostiene el ejercicio de la acción penal pervive su legitimación[64].

2. Instrucción del expediente

La instrucción del expediente de reforma de menores se encomienda al Ministerio Fiscal con el fin —entre otros— de garantizar el cumplimiento de uno de los postulados que desde la STC 36/ 1991 se ha alzado como definitorio del sistema justicia penal de menores: la preservación de la imparcialidad judicial.

Corresponde al Ministerio Fiscal la instrucción del procedimiento (arts. 6 y 16.1) con el fin de que el Juez de Menores limite su actuación a ejercer la garantía última del respeto a los derechos fundamentales afectados por la investigación y a efectuar en sus momentos el enjuiciamiento final de la causa sin perjuicio ni sospecha de parcialidad.

Por tanto, la instrucción del Expediente, exceptuadas las medidas cautelares, las diligencias restrictivas de derechos fundamentales, la declaración del secreto y la preconstitución de prueba, deviene competencia y responsabilidad exclusiva del Fiscal, desplazándose la decisión del juez sobre las vicisitudes acaecidas en el desarrollo de la investigación a una fase ulterior del proceso, tras la presentación del correspondiente escrito de alegaciones de la defensa.

---

64 Ríos Cabrera, A., «Algunas consideraciones sobre la inexistencia de acusación particular y popular en el proceso penal de menores: la extraña figura del coadyuvante», en *Anuario de Justicia de Menores*. Núm. 1,2001, págs. 102-108.

La LORPM continua la línea evolutiva emprendida en la anterior LO 4/1992 y hace más visible si cabe la desjudicialización de los aspectos materiales de la investigación en aras de una rigurosa delimitación práctica de la función jurisdiccional como esencialmente juzgadora y de ejecución de lo resuelto, en los términos del art. 117.1 de la CE[65].

2.1. Diligencias preliminares

El Expediente de Reforma se abre con un acuerdo formal de incoación pronunciado por el Fiscal en forma de Decreto que se fundamenta en la formulación de un doble juicio de valor; de un lado que los hechos que han llegado a su conocimiento por cualquier medio de posible eficacia (denuncia, atestado policial, oficio remisorio de autoridades o funcionarios, notoriedad pública, etc.) resulten verosímiles, tengan relevancia penal e incriminen a una o varias personas menores de edad; y de otro lado que el interés de tales menores no aconseje evitar la incoación del proceso y su potencial efecto estigmatizador remitiendo la corrección del menor al ámbito de la propia familia, o a las instituciones de protección[66].

Por tanto, la intervención del Fiscal en el procedimiento de menores comienza antes de dictar el Decreto de incoación del Expediente, en una fase preliminar que tiene por objeto la valoración previa de los términos de la denuncia y la verificación, si es preciso, de actividades materiales de comprobación que estime necesarias para resolver sobre la incoación o no del Expediente.

Toda denuncia o atestado motivará la incoación de las correspondientes Diligencias Preliminares a las que se asignará numeración correlativa que tendrá por función la identificación de las actuaciones emprendidas por la Fiscalía con independencia de cuál sea su resultado, ulterior-archivo, desistimiento o incoación del oportuno Expediente de reforma.

No obstante, aun cuando no se contemplan en la Circular 1/2000 de la Fiscalía General del Estado, existen diligencias

65 CIRCULAR 1/ 2000, de 18 de diciembre, relativa a los criterios de aplicación de la Ley Orgánica 5/2000, de 12 de enero, por la que se regula la responsabilidad penal de los menores.

66 Ver artículo 18 de la LO5/2000.

de trámite anterior a la incoación de las Diligencias Preliminares, las llamadas Diligencias Previas de la Fiscalía. Estas Diligencias pueden ser fundamentalmente de dos clases:

- Una, las Diligencias penales que, por su inmediatez, se llevan a cabo sin el soporte formal de un registro de entrada, y que, nada ser más practicadas se transforman en Diligencias Preliminares. Entre ellas destaca por su frecuencia e importancia, la intervención del Fiscal en las detenciones gubernativas de los menores de edad penal.
- Y dos, aquellas actuaciones que, no estando relacionadas con la instrucción de un delito concreto, deben recibir un tratamiento jurídico diferenciado. Entre ellas, destacamos la tramitación del procedimiento de *habeas corpus*.

1.- La Detención Gubernativa de los menores de edad penal.

El régimen jurídico de la detención gubernativa de los menores sospechosos de criminalidad sigue las pautas generales de la LECrim, sin perjuicio de que el art. 17 LO 5/2000, dedicado expresamente a la regulación de la Detención de los menores, contenga algunas especialidades. Estas, aun cuando se desarrollen a continuación, versan fundamentalmente en: notificar inmediatamente el hecho de la detención y el lugar de la custodia a los representantes legales del menor y al Ministerio Fiscal; la presencia en la declaración del menor detenido, de su letrado y de aquellos que ejerzan la patria potestad, tutela o guarda del menor, y en defecto de estos, del Ministerio Fiscal, representado por persona distinta del instructor del expediente; entrevista reservado del menor detenido con el Letrado que le asiste, tanto antes como después de la declaración; y un plazo máximo de duración de la detención policial del menor que no podrá exceder de veinticuatro horas, trascurrido el cual deberá ser puesto en libertad o a disposición del Ministerio Fiscal.

Un problema previo y no resuelto al estudio de las especialidades que se plantea es el siguiente:

Si el art. 17 LO 5/2000 regula la detención de los menores y, a los efectos de la Ley del Menor, sólo son menores de edad las personas que no hayan cumplido los dieciocho años (art. 1.4 LO 5/2000), este artículo no podrá ser aplicado a quien, en el momento de ser detenido, fuese mayor de edad, aunque el delito que se le impute fuera cometido cuando fuese menor de edad.

Respecto al estudio del art. 17 de la LO 5/2000, habría que destacar entre todas las singularidades que establece con respecto al régimen general de la detención preventiva de los arts. 520 y ss de la LECrim, por la relevancia institucional que sin duda alguna tiene, la notificación inmediata que, del hecho de la detención y sus motivos, debe hacerse al Fiscal de Menores.

Según el n.º 1 del art. 17 LO 5/2000, «las autoridades y funcionarios que intervengan en la detención de un menor deberán notificar inmediatamente el hecho de la detención y el lugar de la custodia a los representantes legales del menor y al Ministerio Fiscal[67]. La Ley de Menores no distingue entre Fiscales a los efectos de recibir la notificación inmediata del hecho de la detención y el lugar de la custodia del menor, las Fuerzas y Cuerpos de Seguridad actuantes se dirigirán siempre al Fiscal de Menores del lugar en que se produzca la detención, con una sola excepción: las detenciones relacionadas con delitos terroristas a que se refieren los arts. 571 a 580 CP y 384 LECrim, a los que se les aplica lo dispuesto en el art. 520. bis LECrim, por remisión expresa del art. 17.4 LO 5/2000.

En la LECrim el control jurisdiccional de la legalidad o procedencia de las detenciones gubernativas se realiza siempre a posteriori, esto es en el momento en que el atestado, con o sin detenido llega a manos del juez de instrucción competente, porque de acuerdo con el derecho procesal común la Policía no tiene obligación de notificar inmediatamente al Juez de Instrucción la detención de los mayores de edad penal.

Por el contrario, la Ley del Menor en su artículo 17.1 establece que todas las detenciones policiales de un menor de edad implicado en la comisión de un hecho delictivo sean validadas jurídicamente por el Ministerio Fiscal, de manera que el hecho de la detención deberá ser notificado de forma inmediata al Ministerio Fiscal. Esta comunicación que se rea-

67 Reglas Mínimas de las Naciones Unidas para la Administración de la Justicia de Menores (Reglas de Beijing).

lizará normalmente de forma verbal y telefónica, a través del cual la Policía cumple con la obligación legal de comunicar a la Fiscalía la existencia de la privación de libertad de un menor de edad, no debe quedar relegada a un acto meramente formal y rituario.

Resulta imprescindible, que el comunicante ofrezca al Fiscal de Menores los datos que le permitan conocer y valorar la pertinencia de la medida acordada, porque el fiscal, en ese mismo momento debe ordenar la inmediata puesta en libertad del detenido, con remisión del atestado policial a la Fiscalía o su conducción a las dependencias de la Fiscalía, una vez concluyan las actuaciones policiales y, en su caso, dentro de las 24 horas de la detención.

El Fiscal de Menores lo que no puede hacer en modo alguno es limitar su intervención a un simple acuse de recibo o toma de conocimiento del hecho de la detención, como se hacía durante la vigencia de la LO 4/92 por aplicación de lo dispuesto en el art. 520.3 LECrim[68], porque si considera que, a la vista de la escasa gravedad del delito cometido o de las circunstancias familiares, personales o sociales del menor, no procede solicitar del Juzgado de Menores la adopción de una medida cautelar de internamiento debe ordenar al comunicante la inmediata puesta en libertad del detenido, sin esperar a que éste sea puesto a su disposición.

2.- La tramitación del procedimiento de *habeas corpus.*

La LO 5/2000 dedica al habeas corpus el número 6 del art. 17, remitiéndose al régimen procedimental común, previsto en la LO6/1984, de 24 de mayo.

La única diferencia que podemos encontrar en la Ley del Menor es que «cuando el procedimiento de *habeas corpus* sea instado por el propio menor, la fuerza pública responsa-

68 Art. 520.3 LECrim:
«Si se tratare de un menor de edad o incapacitado, la autoridad bajo cuya custodia se encuentre el detenido o preso notificará las circunstancias del apartado 2.d) a quienes ejerzan la patria potestad, la tutela o la guarda de hecho del mismo y, si no fueran halladas, se dará cuenta inmediatamente al Ministerio Fiscal. Si el detenido menor o incapacitado fuera extranjero, el hecho de la detención se notificará de oficio al Cónsul de su país».

ble de la detención lo notificará inmediatamente al Ministerio Fiscal»(art. 17.6 LO5/2000), porque en contradicción con el principio de especialidad orgánica de la jurisdicción de menores[69], la competencia objetiva para tutelar la libertad personal de los menores frente a la eventual arbitrariedad de los poderes públicos no se atribuye al Juez de Menores, sino como establece el mencionado art. 17.6 LO5/2000, al igual que establece el art. 2 de la LO 6/1984, al Juez de Instrucción del lugar en que se encuentre el menor privado de libertad. Si no constare, el del lugar en que se produjo la detención, y en defecto de los anteriores, el del lugar donde se hayan tenido las últimas noticias sobre el paradero del menor detenido»[70].

El *habeas corpus* dentro del procedimiento penal contra menores pierde gran parte de su utilidad, dado que la puesta a disposición del detenido menor de edad debe inexcusablemente efectuarse dentro de las cuarenta y ocho horas de la detención (art. 17.5LO5/2000)[71], lo más probable es que la revisión ordinaria de la regularidad jurídica de la privación cautelar de libertad por el Juez de Menores, a través de la comparecencia prevista para la adopción de las medidas cautelares del art. 28.1 LO5/2000, coincida o incluso se

69 LO 5/2000. Disposición final cuarta. Especialización de Jueces, Fiscales y Abogados.

70 El hecho de que esa competencia incumba al Juez de Instrucción y no al Juez de Menores, debe explicarse por razones puramente prácticas, ajenas a cualquier exigencia relacionada con la necesidad de preservar la imparcialidad del órgano decisorio que —dicho sea de paso— no se habría visto comprometida si el legislador hubiera optado por conferir al órgano decisorio la competencia para el conocimiento de la solicitud de habeas corpus. Conviene tener en cuenta que el ámbito territorial al que se extiende la jurisdicción el Juez de Menores puede representar un problema operativo a la hora de verificar el traslado del menor infractor a la sede jurisdiccional del Juez de Menores. De ahí que se opte por una solución más fácil desde el punto de vista práctico, aportando al propio tiempo mayores garantías de eficacia mediante la exclusión de la distancia geográfica como elemento perturbador para la efectiva vigencia de un derecho fundamental, MARCHENA GÓMEZ, M., *La ley de responsabilidad pen, cit.* pág. 262.

71 «Los Fiscales, de acuerdo con la doctrina constitucional, extremarán su celo para que el período de detención dure lo estrictamente necesario, evitando el agotamiento de los plazos legales cuando no existía una razón poderosa que lo justifique». Circular 1/2000 de la Fiscalía General del Estado.

adelante temporalmente a la tramitación del procedimiento especial de habeas corpus ante el Juez de Instrucción, lo que hace innecesaria esta vía de control jurisdiccional del derecho a la libertad.

2.2. Recepción de la «notitia criminis». Incoación de las diligencias preliminares. Condiciones de procedibilidad

La Fiscalía tomará conocimiento de la existencia de los hechos presuntamente constitutivos de delito o falta cometidos por menores de edad bien por medio de atestado policial, con o sin detenido, bien por oficio remisorio de actuaciones administrativas en que se haya detectado el presunto delito o falta por autoridad o funcionario público competente, bien por denuncia de particular o incluso por notoriedad misma del hecho si éste ha adquirido difusión en los medios de comunicación social, dado que aunque la Ley nada prevea al respecto, el Fiscal puede incoar de oficio las actuaciones procesales.

En los casos en que la *notitia criminis* ha llegado en primer lugar a conocimiento del Juez de Instrucción correspondiente y ha motivado la incoación de alguno de los procesos penales de adultos regulados en la LECR, existirá una previa resolución judicial ordenando la remisión de los antecedentes a la Fiscalía de Menores bien en original o mediante testimonio.

Cuando se sospeche en el proceso penal de adultos que todos o algunos de los inculpados son menores, se ha de exigir que la determinación de la edad se haga con el debido rigor, con acreditación del día e incluso, si es el caso, de la hora de nacimiento de los mismos. Con este objeto, el Fiscal que tenga asignado el conocimiento del proceso penal deberá solicitar la incorporación de la correspondiente certificación registral de inscripción de nacimiento y en defecto de esta se solicitará se recaben otros medios de prueba útiles, bien documentales, como la partida de bautismo, bien testificales o periciales en línea con lo previsto en los arts. 375 y 376 de la LECrim.

El Fiscal encargado del despacho del asunto penal deberá interponer recurso contra la decisión del Juez de Instrucción —o Juez de lo Penal o Audiencia Provincial en su caso— de inhibirse a favor de la Fiscalía de Menores si existe duda razonable de la verdadera edad del inculpado y no se han agotado los medios de prueba disponibles.

En aquellos delitos o faltas que exijan como condición de procedibilidad la denuncia de la persona agraviada o de su representante legal, el Fiscal no podrá incoar Expediente si no se cumple dicho presupuesto. De este modo si se pone en conocimiento del Ministerio Fiscal la existencia de un hecho delictivo, por parte de autoridades o funcionarios públicos que por razón de sus cargos tengan conocimiento de aquel, y que exija previa denuncia de la persona agraviada, el Ministerio Público acordará como trámite previo la incoación de Diligencias Preliminares tendentes a la averiguación de los hechos. No obstante, al no concurrir la denuncia exigible resolverá en forma de Decreto sobre su inmediato archivo.

En aquellos casos en que al Fiscal se le permite suplir la inactividad de la persona agraviada o de su representante legal, como sucede, por ejemplo, en relación con los delitos de agresión, acoso y abuso sexual, el Fiscal tras incoar Diligencias Preliminares valorará los intereses en conflicto y decidirá sobre la incoación del Expediente de Reforma en un Decreto motivado que expresará las razones que le mueven a ordenar la prosecución del procedimiento.

2.3. Objeto de las diligencias preliminares. Depuración de las dudas iniciales de verosimilitud. Modalidades conclusivas

En la fase de Diligencias Preliminares se ha de valorar la concurrencia de los presupuestos necesarios legalmente para acordar la inacción del Expediente de Reforma que son, desde el punto de vista fáctico, la verosimilitud de los hechos denunciados y la determinación de la identidad y la edad de los partícipes de su ejecución, y desde el punto de vista normativa su tipicidad penal.

Según el art. 16.2, el Fiscal admitirá a trámite o no la denuncia según los hechos sean o no indiciariamente constitutivos de delito y practicará las diligencias que estime pertinentes para la comprobación del hecho y de la responsabilidad del menor en su comisión.

Según el art. 16.3, una vez efectuadas las actuaciones indicadas en el apartado anterior, el Ministerio Fiscal dará cuenta de la incoación del Expediente al Juez de Menores, quien iniciará las diligencias de trámite correspondiente.

A través, de las Diligencias Preliminares se valoran los términos de la denuncia, y si es necesario realizar diligencias materiales de verificación para la incoación del expediente. Por ello, aunque la ley hable de inadmisión a trámite de la denuncia, los Fiscales incoarán siempre Diligencias Preliminares, absteniéndose de practicar diligencias de comprobación cuando los hechos carezcan de tipicidad penal y procediendo a dictar el correspondiente Decreto de Archivo.

También se archivarán las Diligencias Preliminares sin comprobación alguna por aplicación subsidiaria del art. 269 de la LECRM, cuando los hechos denunciados resulten manifiestamente falsos.

2.4. Desistimiento de la incoación del expediente

El Fiscal, a diferencia de lo que ocurre en el proceso penal de adultos, en relación con los delitos públicos, está autorizado a desistir del ejercicio de la acción penal en determinadas circunstancias. Así el art. 18 de la ley regula el llamado desistimiento de la incoación del Expediente para articular la corrección en el ámbito educativo y familiar, y se trata de una de las variantes del principio de oportunidad.

Establece este precepto que el Ministerio Fiscal podrá desistir de la incoación del expediente cuando los hechos denunciados constituyan delitos menos graves sin violencia o intimidación en las personas o faltas, siempre y cuando no conste que el menor haya cometido con anterioridad otros hechos de la misma naturaleza.

El presupuesto de esta decisión es doble: formalmente la infracción debe hallarse tipificada como mera falta o como delito menos grave, en el bien entendido de que delitos menos graves son todos aquellos que tienen prevista en el CP una pena de naturaleza menos grave (art. 13.2 en relación con el art. 33.3 del CP); materialmente el hecho debe verse exento de toda forma de violencia o intimidación en su ejecución, lo que supone la exclusión de determinadas delitos menos graves en los que actúen formas efectivas de coacción o intimidación aunque sean de naturaleza menos intensa.

El Desistimiento se acordará en un Decreto motivado que determinará el archivo de las Diligencias Preliminares, del cual se dará traslado al Juez de Menores para que proceda a la incoación de la pieza de responsabilidad civil si existen perjudicados.

2.5. Intervención del Ministerio Fiscal en la fase de instrucción

La LO 5/2000, de 12 de enero, reguladora de la responsabilidad penal de los menores, vino a sustituir la anterior normativa constituida básicamente por la Ley Orgánica de la competencia y el procedimiento de los Juzgados de Menores, texto refundido aprobado por Decreto de 11 de junio de 1948, modificada por la LO 4/1992, de 5 de junio, atribuyendo en el proceso penal de menores la investigación preliminar al Ministerio Fiscal. Dicha atribución se produjo como consecuencia de la Sentencia del Tribunal Constitucional 36/1991, de 14 de febrero (RTC 1991,36), que declaraba inconstitucional el artículo 15 de la Ley de Tribunales Tutelares de Menores. Dicho precepto, contraviniendo la Doctrina ya sentada por el Tribunal Constitucional en la STC 145/1988, de 12 de julio (RTC 1988,145), mantenía en un mismo órgano jurisdiccional las funciones de instruir y juzgar las infracciones cometidas por los menores de edad penal.

El legislador optó por atribuir la dirección de la investigación al Ministerio Fiscal «de manera que quede preservada la imparcialidad del juzgador», según establece la exposición de Motivos de la LO 4/1992.

El Tribunal Constitucional también se ha pronunciado en torno a esta Ley mediante la Sentencia 60/1995, de 17 de marzo (RTC 1995,60) en la que saluda la atribución de la instrucción al Ministerio Fiscal ya que no sólo no conculca «sino que viene a restablecer el principio acusatorio» (F.5.º), constituyendo al Juez de Menores, no como un juez instructor, sino como un juez de libertad o garante del libre ejercicio de los derechos fundamentales» (F6.º). «Ahora bien, la acumulación de funciones instructoras y sentenciadoras no puede examinarse en abstracto, sino que hay que descender a los casos concretos y comprobar si se ha vulnerado efectivamente la imparcialidad del juzgador (STC 98/1990), debiéndose tener muy en cuenta que no todo acto instructorio compromete dicha imparcialidad, sino tan sólo aquellos que, por asumir el Juez un juicio sobre la participación del imputado en el hecho punible, puedan producir en su ánimo determinados prejuicios sobre la culpabilidad del acusado que lo inhabiliten para conocer de la fase de juicio oral (SSTC 106/1989, 151/1991, 136/1992, 170 y 320/1993)» (F3.º).

De igual modo la Jurisprudencia del Tribunal Europeo de Derechos Humanos, nacida con ocasión de la aplicación del derecho a ser juzgado por un «Tribunal independiente e imparcial», contenido en el art. 6.1 del Convenio Europeo para la Protección de los Derechos Humanos, y que, por imperativo de lo dispuesto en el art. 10.2 de nuestra Constitución, ha de presidir la interpretación de las normas tutelares de los derechos fundamentales, ha manifestado que: «La imparcialidad del Juez excede el ámbito meramente subjetivo de las relaciones del juzgador con las partes para erigirse en una auténtica garantía en la que se puede poner en Juego nada menos que la auctoritas o prestigio de los Tribunales que, en una sociedad democrática, descansa en la confianza que la sociedad deposita en la imparcialidad de su Administración de Justicia (Sentencias del TEDH de 1 de octubre de 1982 —caso Piersack— y de 26 de octubre de 1984 —asunto De Cubber—). Debido, pues, a la circunstancia de que en el ámbito de la imparcialidad objetiva «incluso las apariencias pueden revestir importancia» (Sentencia del TEDH de 26 de octubre de 1984 —caso De Cubber—), ha de reclamarse el adagio anglosajón según el cual «no sólo debe hacerse justicia, sino parecer que se hace» (Sentencia del TEDH de 17 de enero de 1970 —asunto Delcourt—), lo que ha de determinar que «todo Juez del que puede dudarse de su imparcialidad deba abstenerse de conocer del asunto o pueda ser recusado» (Sentencias del TEDH de 26 de octubre de 1984 —asunto De Cubber— y 24 de mayo de 1989 —asunto *Hauschildt*—).

El objeto de la instrucción del proceso de reforma debe circunscribirse a la práctica de aquellas diligencias que el Fiscal estime absolutamente imprescindibles para una formulación bien fundada del escrito de alegaciones o para obtener un criterio bien fundado de terminación anticipada del proceso y derivación del asunto a soluciones extrajudiciales.

Es en el acto de la vista oral donde se deben practicar las pruebas necesarias para fijar los hechos que se estimen probados en sentencia. Es en ese momento procesal donde se practican las pruebas que deban de servir para fijar los hechos probados en sentencia, no es sino la audiencia en el acto de la vista oral. El Ministerio Fiscal no es un órgano jurisdiccional y, en consecuencia no puede anticipar la prueba que ha de servir para fijar los hechos probados en sentencia, por lo que el momento oportuno para la reproducción del material probatorio recabado en la fase previa a la incoación del Expediente de reforma no es la fase de instrucción, sino la audiencia misma en una vista oral, ajustada a los principios de inmediación judicial, contradicción y defensa, como única válida para producir prueba de cargo eficaz.

El Fiscal deberá acordar la práctica de aquellas diligencias instructoras o preliminares, que resulten a su juicio de imprescindible verificación para esclarecer la participación del menor, en el hecho presuntamente constitutivo de delito o falta y la medida o intervención educativa más adecuada en su caso.

2.6. Conclusión de la instrucción

La instrucción concluye cuando el Ministerio Fiscal ha conseguido reunir los datos de hecho y elementos de juicio precisos para resolver sobre la prosecución del procedimiento mediante la formulación de un escrito de alegaciones, escrito que se justifica en un doble juicio de valor:

- Que la participación del menor en los hechos denunciados aparezca suficientemente justificada en base al número y calidad de las diligencias de investigación reunidas.
- Que las circunstancias personales y sociales del menor aconsejen la imposición de alguna de las medidas educativas previstas en la ley[72].

Si el juicio de valor sobre el fundamento fáctico de la imputación es negativo, el Fiscal, agotadas infructuosamente las posibilidades de la instrucción, ha de remitir el Expediente

72 Sobre las medidas educativas, ver la Circular 2/2001, de 28 de junio, relativa a la incidencia de las Leyes Orgánicas 7 y 9/2000, de 22 de diciembre, en el ámbito de la jurisdicción de menores.

al Juez de Menores, acompañado de propuesta de sobreseimiento y archivo en función de alguna de las causas formalizadas en los arts. 637 y 641 de la LECrim.

También el Fiscal puede decretar la conclusión anticipada del Expediente y su remisión al Juez con solicitud de sobreseimiento y archivo, cuando estime inoportuno la necesidad de imponer al menor, alguna de las medidas de corte educativo-sancionador previstas en la Ley. En tales casos, puede derivar hacia vías alternativas al proceso la realización del fin educativo y resocializador.

Ambas constituyen crisis procesales, pero su fundamento jurídico es diferente: en el primero el proceso concluye por inexigibilidad de responsabilidad penal; y en el segundo por cuanto la respuesta del proceso penal no es adecuada a las necesidades sociales y educativas del menor o por cuanto ya ha habido una conciliación o reparación de la víctima.

A. Desistimiento del ejercicio de la acción

Está regulada en el art. 19 de la Ley que autoriza al Fiscal a desistir de la continuación del Expediente cuando el hecho imputado constituya delito menos grave o falta, atendiendo en particular a la falta de violencia o intimidación graves en la comisión de los hechos, siempre y cuando de manera alternativa:

- El menor se haya conciliado con la víctima.
- El menor haya asumido y cumplido un compromiso satisfactorio de reparación del daño causado a la víctima o al perjudicado.
- El menor se haya comprometido a cumplir la actividad educativa propuesta por el Equipo Técnico en su informe.

Igualmente procede el desistimiento según establece el art. 27.4, a propuesta del Equipo Técnico:

- Cuando no resulte conveniente para el interés del menor la continuación del Expediente por haber sido expresado suficientemente el reproche social que merece su conducta a través de los trámites ya practicados.
- Que por el tiempo trascurrido desde la comisión de los hechos resulte inadecuado para el interés del menor cualquier intervención.

B. El Sobreseimiento de las actuaciones

El Fiscal puede solicitar por escrito el sobreseimiento libre de las actuaciones bien por considerar que no existen indicios racionales de criminalidad; que los hechos no son constitutivos de delito; o porque concurre alguna causa de exención de responsabilidad en los procesados como autores, cómplices o encubridores.

Igualmente puede solicitar el sobreseimiento provisional porque no resulte debidamente justificada la perpetración del delito, o porque no haya motivos suficientes para justificar la participación de los encartados en la causa.

En estos cinco supuestos en los que el Fiscal adopta la decisión de no ejercitar la acción penal, se impide la continuación del proceso, aunque se haya personado el perjudicado y manifieste su disentimiento, ya que éste ejerce una legitimación meramente adhesiva que no le autoriza a suplantar al Fiscal en el ejercicio de la acción penal.

La petición de sobreseimiento por el fiscal plantea el supuesto de si el Juez de Menores goza de las facultades correctoras y de fiscalización que el procedimiento común confiere al Juez en los arts. 642 y 644 de la Ley de Enjuiciamiento Criminal. En el primero de ellos, la discrepancia del Juez con la petición de sobreseimiento autorizaría a poner en conocimiento de los interesados en el ejercicio de la acción penal la pretensión del Fiscal, a fin de poder sostenerla. Ahora bien, la LORPM no confiere al perjudicado la posibilidad de ejercitar la acción penal con independencia del Ministerio Público. Respecto al segundo supuesto previsto en el art. 644 consistente en instar del superior jerárquico del Fiscal de Menores un pronunciamiento sobre si procede o no sostener la acción penal, no existe una respuesta legal. Entendemos que no cabría dado que se dilataría innecesariamente y sin lugar a duda el procedimiento.

Tanto en el supuesto del artículo 19 como del supuesto del artículo 27.4 de la LORPM, se trataría de una de las manifestaciones del principio de oportunidad otorgado al Ministerio Fiscal, quien puede dentro de las posibilidades de desjudicialización, en aplicación del citado principio, pedir el sobreseimiento primando la aplicación de la «justicia reparadora» o bien tras la propuesta del Equipo Técnico, cuando éste considere en su informe, el interés del menor, no continuar con la tramitación, porque se haya expresado suficientemente el reproche al menor a través de los trámites ya practicados o porque fuera inadecuado cualquier intervención, debido al tiempo transcurrido desde la comisión de los hechos»[73].

Habría que precisar igualmente que el sobreseimiento del expediente puede ser acordado por el Juez de Menores pese a que por el Fiscal se haya formulado escrito de alegaciones. Está previsto en el art. 33.b) que exige del órgano jurisdiccional un auto motivado. Se trata del ámbito funcional reservado al Juez de Menores mediante el cual se controla el escrito de alegaciones del Ministerio Fiscal. En tales casos, el Juez, a la vista de ese escrito de alegaciones, del escrito que contenga, en su caso, la valoración y propuesta probatoria del perjudicado, y del escrito de la defensa, puede optar por decretar el sobreseimiento mediante auto motivado de las actuaciones. En tales supuestos, la LORPM no está sino siguiendo el régimen general de motivación de resoluciones jurisdiccionales exigida por reiterada jurisprudencia constitucional[74].

C. El escrito de alegaciones

El Decreto por el que se ordena el cierre de la instrucción se notificará al Letrado del Menor (art. 30.1 de la LO5/2000), y, con carácter previo a la remisión del Expediente —con el escrito de alegaciones— al Juzgado de Menores, el Ministerio Fiscal «concederá al perjudicado que se hubiese personado en la causa un plazo de cinco días para que valore el contenido de la prueba practicada y, en su caso proponga aquellas que debieran realizarse en fase de audiencia»

Debemos distinguir entre el escrito de alegaciones de las distintas partes que intervienen en el procedimiento:

- El del Ministerio Fiscal, el cual acordará mediante Decreto la conclusión del Expediente, notificándosela al

73 Dictamen 4/2013, sobre criterios para solicitar el sobreseimiento del expediente conforme al art. 27.4 de la LORPM.

74 «(...) Quizás con ello haya querido acentuar el legislador la idea de que el sobreseimiento que se acuerda a propuesta del Fiscal (art. 33.c) es un sobreseimiento sometido a cierto automatismo, por virtud del cual, las razones de la exclusión de la audiencia son las expuestas por el Fiscal en su escrito de petición de sobreseimiento». Circular 1/2000 de la Fiscalía General del Estado.

Letrado del menor, y ordenará la remisión del mismo al Juez, junto con las piezas de convicción y demás efectos, y un escrito de alegaciones en el que costará descripción de los hechos, la valoración jurídica de los mismos, el grado de participación del menor, una breve reseña de las circunstancias personales y sociales de éste y la proposición de alguna de las medidas previstas en esta ley con exposición razonada de los fundamentos jurídicos y educativos que lo aconsejen (art. 30.1).

- El escrito de alegaciones se adapta con escasas modificaciones al contenido formal previsto en el art. 650 de la LECrim para el escrito de calificación provisional.
- El del perjudicado personado en la causa, el art. 25.7 establece que, con carácter previo a la remisión del expediente al Juez, el Fiscal concederá a dicho perjudicado un plazo de cinco días para que valore el conjunto de la prueba practicada y en su caso, proponga aquellas que debieran de realizarse en la fase de audiencia. Esta opción se entiende que sólo cabe si el Ministerio Fiscal no ha acordado el sobreseimiento de la causa[75].

75 «(...) el escrito del perjudicado limita su contenido a una valoración probatoria y a una propuesta de aquellas diligencias que, a su juicio, debieran realizarse en la fase de audiencia. El perjudicado, pues no contribuye a la delimitación del objeto del proceso, en la medida que no tiene autorizada la descripción de los hechos que han de definir los términos del debate. Esta idea además de poner de manifiesto la particularísima posición procesal que la LORPM ha querido para el perjudicado puede ser de especial importancia a la hora de resolver una duda que se deriva de la falta de posición del enunciado del artículo 25 ya que en este precepto se señala que el plazo para alegaciones se concederá al perjudicado «con carácter previo a la remisión por el Fiscal del escrito de alegaciones con el expediente al Juzgado de Menores». Surge la duda, pues, acerca si el perjudicado podrá tener a la vista el escrito de alegaciones formulado por el Fiscal o si, por el contrario, la valoración y propuesta probatoria para la que le faculta la ley habrá de hacerse al margen de la propuesta formulada por el fiscal.
Parece conveniente que en la medida en que el perjudicado no pueda delimitar los hechos que van a ser objeto de enjuiciamiento, conozca al menos la propuesta del Fiscal». Circular 1/2000 de la Fiscalía General del Estado.

- El escrito de alegaciones del Letrado del menor se presentará directamente ante el Juez de Menores, después de que éste haya declarado abierta la fase de audiencia y le haya dado traslado del escrito de alegaciones del Fiscal y testimonio del Expediente.

El Letrado del menor puede instar en su escrito el sobreseimiento de proceso y, en su caso, la práctica anticipada de diligencias de instrucción que hubieran sido denegadas por el Fiscal. Si el juez de menores estima esta petición, abre un trámite complementario de instrucción judicial en el que tras practicar las diligencias solicitadas, daría nuevo traslado a las partes para que mantengan o modifiquen sus escritos de alegaciones, tras de lo cual resolvería sobre el sobreseimiento de la causa o la celebración de audiencia.

Si el Letrado del menor no solicita la práctica anticipada de pruebas, formulará escrito de alegaciones en términos semejantes a los previstos en el art. 30.1 para el escrito del Fiscal y propondrá prueba para celebrar en el acto de la audiencia.

Una vez presentado el escrito de alegaciones del Letrado, el Ministerio Público deberá remitir el expediente completo al Juzgado con las piezas de convicción y demás efectos que pudieran existir (arts. 30 y 31 de la LO 5/2000)[76], abriendo a efectos prácticos una carpeta a la que incorporará los testimonios necesarios para el ejercicio de la acción penal en el acto de la vista.

B. El Juez de Menores

El art. 2 de la LO 5/2000, atribuye al Juez de Menores la competencia para conocer de los hechos cometidos por las personas mencionadas en el art. 1 de la Ley, así como para ejecutar las sentencias, sin perjuicio de las facultades atribuidas por esta Ley a las Comunidades Autónomas respecto a la protección y reforma de menores. Así mismo, serán competentes para resolver sobre las responsabilidades civiles derivadas de los hechos cometidos por las personas a las que resulta aplicable la presente ley.

76 «El legislador ha querido que esa remisión sea íntegra, esto es que abarque todo el material que pueda haber generado la fase de instrucción del procedimiento. Sólo así se entiende el empleo de la expresión demás elementos procesales».

Como todo juez que debe garantizar los derechos constitucionales protegiendo los derechos inderogables de la persona frente a los eventuales abusos de los poderes públicos.

En cuanto a sus competencias atribuidas en la Ley 5/2000, debemos distinguir:

- Durante la fase de instrucción del Expediente de Reforma.
- En el juicio de acusación.

1. Durante la fase de instrucción del expediente de reforma

Instrucción judicial complementaria a instancia de la defensa cuyo objeto es dirimir la necesidad de proseguir el procedimiento, mediante la práctica de pruebas rechazadas por el Ministerio Fiscal.

Así contra el Decreto del Fiscal rechazando una diligencia de instrucción solicitada por la parte no cabe recurso alguno, si bien cabe reiterar la solicitud ante el Juez de Menores: el perjudicado en el escrito de alegaciones o en la fase de audiencia —art. 25.6.º—, el Letrado del menor en cualquier momento —art. 26.1—.

Aunque la ley no establezca límite alguno a la facultad del Letrado del menor para dirigirse al Juez postulando la práctica de la diligencia rechazada, en la medida en que es la propia Ley la que trata una separación neta entre las funciones de instruir y juzgar, parece prudente entender que la intervención efectiva del Juez de Menores en relación con las diligencias ordinarias de instrucción queda legalmente pospuesta hasta la apertura del trámite de audiencia. (arts. 31 y 33.e).

- Practicando, también a instancia del Ministerio Fiscal, las diligencias de prueba que supongan una restricción de los derechos fundamentales del investigado y que resulten precisas para el buen fin de las investigaciones. La ley establece en su art. 23.3 que: «El Ministerio Fiscal no podrá practicar por sí mismo las diligencias restrictivas de derechos fundamentales sino que habrá de solicitar del Juzgado la práctica de las que sean precisas para el buen fin de las investigaciones».

Se trata de aquellas diligencias reservadas a la autoridad judicial cuya intervención exige el texto constitucional, la necesidad de dispensar sin demora una tutela efectiva de los derechos fundamentales cuya restricción se halla constitucionalmente condicionada a la previa autorización judicial.

Habrá que incluir en este grupo las medidas cautelares relativas al internamiento provisional del menor (art. 17 CE), la entrada en domicilio particular (art. 18.2 CE), la intervención de comunicaciones y correspondencia (art. 18.3 CE) y el secuestro de publicaciones, grabaciones y otros medios de información (art. 20.5 CE). El control y autorización de estas diligencias, como la forma de practicarse, no diferirá, por lo demás, del procedimiento que rige su adopción en la instrucción sumarial ordinaria, asumiendo el Juez de menores las funciones que corresponden al Juez de Instrucción:

1.1. Medidas cautelares de custodia y defensa del menor

Las medidas cautelares de carácter personal, que tradicionalmente se pueden adoptar durante la instrucción de cualquier procedimiento penal, al ser privativas o restrictivas del derecho fundamental a la libertad del menor imputado, deben ser adoptadas por el Juez de Menores. Son las denominadas medidas cautelares de custodia y defensa recogidas en el artículo 28 de la Ley: el internamiento provisional del menor, la libertad vigilada y la convivencia con otra persona o grupo educativo.

La intervención judicial para la adopción de la medida cautelar de internamiento del menor apenas precisa de argumentación alguna: supone una Privación total de la libertad del sujeto y sólo puede ser acordada en los casos y en la forma prevista en la Ley (art. 17.1 de la CE). Como manifestó el Alto Tribunal Europeo de Derechos Humanos: «la circunstancia de que sólo pueda efectuarlo el Juez a petición expresa del Fiscal y nunca de oficio, unida a la de que la designación de abogado, en tal caso deviene preceptiva, ocasiona que el Juez de Menores no pueda ya ser configurado como un Juez Instructor», sino como un «Juez de la libertad» o garante del libre ejercicio de los derechos fundamentales (Sentencia del TEDH de 24 de mayo de 1989, caso *Hauschildt*)».

La medida de libertad vigilada supone, igualmente, una restricción de la libertad del menor al quedar sometido al cumplimiento de ciertas cargas y condiciones que, en algunos casos, implican limitaciones importantes de su libertad ambulatoria como ocurre cuando se adoptan instrucciones consistentes en la prohibición de residir en un lugar determinado, ausentarse del lugar de residencia o de acudir a determinados sitios, establecimientos o espectáculos (art. 70 h). LRPM).

Algún autor ha dicho[77] que no está tan claro qué tipo de derechos se restringen con la adopción de la medida cautelar de acogimiento familiar. A nuestro juicio, dos son los derechos que se encuentran afectados: la libertad o el derecho del menor a vivir con su familia reconocido en el artículo 9 de la Convención de Derechos del Niño y, al mismo tiempo, de rango inferior, los derechos que integran la patria potestad que los padres ostentan y que aquella medida suspende con carácter temporal. Una cuestión que puede plantearse con la adopción de la medida de acogimiento familiar es si se verían afectados derechos de rango constitucional. El art. 154 del Código Civil establece el contenido de los derechos y deberes que integran la patria potestad, y que en este caso se verían suspendidos (velar por ellos, tenerlos en su compañía, educarlos, procurarles una formación integral, representarlos y administrar sus bienes). Pero estos derechos no podemos elevarlos a derechos de rango constitucional. No obstante, el art. 39.3 de nuestra Constitución, dentro de los principios rectores de la política social y económica, capítulo III, del Título Primero de los Derechos y Deberes Fundamentales, establece que los padres deben prestar asistencia de todo orden a los hijos habidos dentro o fuera del matrimonio, durante su minoría de edad, y en los demás casos en que legalmente proceda, esta asistencia podría verse suspendida con la medida de acogimiento familiar.

El tratamiento que hace el artículo 28 de la Ley de las medidas cautelares es, como mínimo, técnicamente confuso: todas las medidas que permite adoptar lo son de carác-

77 APARICIO BLANCO, P., «Diligencias de Instrucción restrictivas de Derechos Fundamentales, competencia del Juez de Menores en el ámbito de la Ley de Responsabilidad Penal de los Menores», en *Revista del Poder Judicial*. C.G.P.J, 3.ª época, núm. 60. 2000.

ter cautelar, pero mezcla las dirigidas a la custodia del menor —finalidad propia de las medidas cautelares en el ámbito del proceso penal—con otras que denomina de defensa, sin distinguirlas de aquéllas. Las medidas cautelares para la protección y custodia del menor que el Juez podía adoptar al amparo de la LO 4/1992 pasan a ser ahora, con la nueva Ley, medidas cautelares para la custodia y defensa. Aun cuando es irrelevante establecer la diferencia entre unas y otras por cuanto, en definitiva, con independencia de su denominación, el Juez no puede adoptar más que las expresamente contempladas en el artículo 28 de la Ley, sí podrá afirmarse que las medidas cautelares de «protección» previstas en la LO 4/1992 no coinciden con las llamadas por la nueva Ley medidas de «defensa». Aquéllas, ahora desaparecidas del nuevo texto legal, hacían referencia a las contempladas en la legislación civil —tutela, guarda y acogimiento de menores— mientras que con la expresión medidas de «defensa» se puede estar haciendo referencia no a medidas cautelares concretas y determinadas sino al objetivo genérico perseguido por todas ellas, es decir, «la defensa» de los derechos que a los menores reconocen las leyes (art. 60) y el interés superior de los mismos acción de la justicia que se deducirá de la gravedad de los hechos, valorándose siempre las circunstancias personales y sociales del menor (art. 28.2). La ley 5/2000 de responsabilidad penal de menores establece que estas medidas cautelares podrán consistir bien en un internamiento en centro en el régimen adecuado (cerrado, abierto, semiabierto y terapéutico), tratamiento ambulatorio, asistencia a un centro de día, permanencia de fin de semana, libertad vigilada, prohibición de aproximarse o comunicarse con la víctima o con aquellos de sus familiares u otras personas que determine el juez, o convivencia con otra persona, familia o grupo educativo, prestaciones en beneficio de la comunidad, realización de tareas socio educativas, amonestación y privación del permiso de conducir, ciclomotores o vehículos a motor, o del derecho a obtenerlo, o de las licencias administrativas para caza o para uso de cualquier tipo de armas. La mención expresa a otros factores como la existencia de un peligro cierto de riesgo de fuga y la reiteración delictiva, se fundamenta en los fines legitimadores de la prisión provisional, como sería la «reiteración» delictiva a la que se refiere la STC la 128/95, recogida posteriormente, como hemos visto, en la de 7-4-1997.

Antes de la reforma operada por la LO 8/2006, de 4 de diciembre, se incluía en la LRPM el concepto tan controvertido de alarma social como elemento a tener en cuenta a la hora de acordar el internamiento provisional del menor, existiendo fuertes críticas de la doctrina científica a la entrada de esta circunstancia para justificar la prisión provisional, contemplada, también, con ciertas cautelas por el propio TC[78]. Por lo tanto, consideramos que las medidas cautelares de internamiento provisional del menor adoptadas en el marco de la LRPM tienen la misma naturaleza que la prisión provisional y como ésta exige de los mismos presupuestos pero no debe estar fundamentada en otros objetivos que los expresamente recogidos en el texto legal: garantizar el éxito de la instrucción que podrá ser puesto en peligro por la existencia de riesgo de eludir u obstruir la acción de la justicia sin que pueda tener otros fines, constitucionalmente válidos en el procedimiento de los adultos, como podrían ser la necesidad de evitar la reiteración delictiva o la satisfacción de demandas sociales de seguridad.

Las anteriores conclusiones, aunque parezca sorprendente, nos conducen a la afirmación de que el interés del menor —que, conforme al texto legal, se ha de tener en consideración a la hora de adoptar medidas cautelares en el procedimiento de menores— es irrelevante en la decisión del Juez a la hora de pronunciarse sobre el internamiento provisional, ya que sólo queda vinculado por los presupuestos procesales y finalidades indicadas.

Por el contrario, el referido interés del menor sí ha de ser tenido en cuenta a la hora de elegir la medida cautelar más adecuada a las necesidades del menor entre las legalmente permitidas.

Si nuestra interpretación es correcta y estuviésemos, como creemos, ante medidas de igual naturaleza que las cautelares que respecto de adultos permite adoptar la LECr,

78 Habiendo afirmado en la sentencia anteriormente mencionada de 7-4-1997 que la alarma social no incrementa por sí el riesgo de fuga y que la «genérica mención de la misma constituye el contenido de un fin exclusivo de la pena y presupone un juicio previo de antijuricidad y de culpabilidad del correspondiente órgano judicial tras un procedimiento rodeado de plenas garantías de imparcialidad y defensa» (STC 66/97, 98/97 y 17-2-2000).

les serían de aplicación las mismas garantías y principios elaborados por la doctrina constitucional para la adopción de la prisión provisional como son los de excepcionalidad, subsidiariedad, provisionalidad, proporcionalidad, idoneidad y necesidad (STC 128/95) así como por las Recomendaciones Internacionales y, en concreto, por la Convención de Derechos del Niño y Reglas Mínimas de las Naciones Unidas para la Administración de la Justicia de Menores de 1987[79].

El tratamiento procesal de las tres medidas cautelares que el artículo 28 permite adoptar es distinto según sea la elegida: internamiento en régimen adecuado (abierto, semiabierto, cerrado o terapéutico), libertad vigilada o prohibición de aproximarse o comunicarse con la víctima o con aquellos de sus familiares u otras personas que determinen. Sólo si la medida interesada por el Fiscal es la de internamiento parece exigirse de una previa comparecencia que, aparentemente, no es necesaria para la adopción de las restantes, que sí requieren preceptiva audiencia del Letrado del menor, del Equipo Técnico y de la representación de la entidad pública de protección o reforma de menores, y que podrá celebrarse por escrito[80].

En caso de no poder celebrarse la comparecencia dentro del plazo de las setenta y dos horas, concurriendo un riesgo cierto de fuga, el Juez por aplicación supletoria del art. 504 bis 2 y 4 LECrim. Podrá acordar el internamiento del menor mediante auto motivado y la convocatoria de nueva comparecencia a celebrar en el plazo de las siguientes setenta y dos horas.

Sin embargo, no es ésta la correcta interpretación que cabe hacer del precepto examinado pues, en todas ellas, y no sólo en la de internamiento provisional se restringe el derecho fundamental a la libertad. La comparecencia será siempre necesaria con carácter previo, así como la asistencia a la misma del letrado del menor, de éste, del Ministerio Fiscal y del Equipo Técnico, pudiendo, en todas ellas, proponer

79 De acuerdo con el artículo 37 de la Convención citada «las detenciones, encarcelamiento o prisión de un menor se utilizaran tan solo como medida de último recurso y durante el periodo más breve que proceda».

80 CIRCULAR 1/ 2000, de 18 de diciembre, relativa a los criterios de aplicación de la Ley Orgánica 5/2000, de 12 de enero, por la que se regula la responsabilidad penal de los menores.

pruebas en dicho acto las partes. Tampoco la medida interesada por el Fiscal ha de condicionar la decisión del Juez que siempre podrá adoptar otra de las legalmente previstas, aunque no haya sido la solicitada, con una sola excepción: no podrá acordar el internamiento provisional del menor si no ha sido objeto de petición, pero, instada ésta, podrá acordar cualquiera de las restantes. La razón deriva de las limitaciones que al Juez de Menores impone el principio acusatorio cuando se trata de privar el derecho fundamental a la libertad que no podrá ser acordado más que a instancias del instructor, pero, en modo alguno, de oficio. Fuera de este supuesto el Juez de Menores no deberá quedar vinculado por la medida pedida por el Ministerio Fiscal, sino por la que más convenga al interés del menor y su situación procesal (art. 28.2. primer párrafo).

La ley, en contra de lo que hacía el Proyecto, establece un catálogo concreto y cerrado de medidas cautelares de custodia que el Juez de Menores puede adoptar y que debe ser atribuido, presumiblemente, a la necesidad de respetar los principios de legalidad y seguridad jurídica, de forma que sólo podrá acordar las allí previstas, es decir, el internamiento provisional, la libertad vigilada y la custodia en familia. En un primer momento, pudiera parecer que tal limitación va contra el principio de subsidiariedad que, según la doctrina y «las Recomendaciones Internacionales», debe presidir la adopción de las medidas de internamiento de menores y en contra de la tendencia a dar entrada a las llamadas medidas cautelares innominadas, admitidas por el artículo 23 del Proyecto de Ley Orgánica Reguladora de la Tutela Cautelar, actualmente en trámite parlamentario.

Sin embargo, las tres medidas indicadas son de contenidos tan amplios que, en principio, parecen poder atender y cubrir todas las características de cualquier caso particular y dar respuesta a las aspiraciones recogidas en el artículo 13 de las Reglas de Beijing cuando afirma que «siempre que sea posible se acudirá a medidas sustitutivas como la supervisión estricta, la custodia permanente, la asignación a una familia o el traslado a un hogar o a una institución educativa».

Como conclusión a todo lo examinado, consideramos que las medidas cautelares comprendidas en el art. 28 de la ley, son de carácter procesal penal y van dirigidas a asegurar el resultado del procedimiento judicial más que a la protección o defensa del menor imputado, pues tal interpretación se desprende tanto de los presupuestos que legitiman su adopción —indicios de comisión de un hecho delictivo y riesgo de fuga u obstrucción de la justicia— como por el tratamiento de su duración, condicionada no a las necesidades del menor, que pudieran persistir, sino a la finalización del proceso cuando éste llega a la fase de audiencia y, en todo caso, por un tiempo no superior a seis meses prorrogable por otros tres, así como, finalmente, por la naturaleza penal que de la misma se desprende cuando se afirma que el tiempo de cumplimiento de la medida cautelar se abonará en su integridad para el cumplimiento de la medida que, en su caso, se imponga (art. 28.5).

Contra las medidas cautelares adoptadas cabe el recurso de apelación (art. 41.3) mejorando en este aspecto el Proyecto que lo negaba, siguiendo, presumiblemente, el trámite del procedimiento abreviado que no admite dicho recurso contra los autos de detención y prisión acordados por el Juez de Instrucción, alejándose del riesgo de inconstitucionalidad por vulneración del derecho a la tutela judicial y a la doble instancia en materias que afectan al derecho fundamental a la libertad.

Aun cuando nada dice el precepto, no tenemos la menor duda de que, formando parte de las medidas cautelares de naturaleza penal previstas en el artículo 28 de la Ley, se encuentran aquéllas que pueden ser acordadas respecto de los menores imputables que, pese a padecer algún tipo de trastorno psíquico, drogodependencia o algún grado de alteración de la percepción, no queden exentos de responsabilidad, pudiéndose acordar su ingreso cautelar en centros especiales de salud mental adecuados a su edad o de educación especial como permite, respecto de los adultos, el artículo 381 de la LECrim y 184 del Reglamento Penitenciario.

1.1.1. Detención del menor

Son muchos los supuestos en que la LECrim, por su carácter supletorio en el procedimiento penal del menor, permitiría al Juez de Menores la detención de un menor. No contempla la Ley, sin embargo, reglas específicas a la detención judicial del menor, refiriéndose exclusivamente a las detenciones gubernativa —policial y Fiscal— caracterizadas por una reducción de los plazos de su duración y por la forma y lugar en la que los menores deben permanecer, durante dicho tiempo, internados, rigiéndose, en todo lo demás, por la normas procesales de la LECrim previstas para la detención de los adultos. De acuerdo con lo razonado, un menor podrá ser detenido por los agentes de la policía cuando concurra cualquiera de los supuestos contemplados en los artículos 490 y 492 de la LECrim. Ahora bien, la detención de un menor no se agota con los supuestos referidos. Son múltiples las situaciones que pueden generar la adopción de esta medida[81]. Basta decir aquí que, como regla general, la nueva posición del Fiscal en el procedimiento de menores, pasando a asumir la función de instructor, modifica sustancialmente las competencias en materia de detención, de forma que aquéllas atribuidas al Juez de Instrucción en los artículos 498, 499 y 550 de la LECrim serán aquí ejercidas por el Fiscal de Menores. La doctrina, desde hace tiempo, viene reclamando una reforma sustancial del tratamiento de la detención como medida cautelar —al igual que de la prisión provisional—, especialmente respecto de los supuestos que permiten su adopción. Esta reforma es más necesaria, si cabe, en la detención de menores, en la dirección de limitar los supuestos que permiten aquélla previstos para los adultos.

Pese a que la ley contempla una reducción de los plazos de la detención policial y fiscal, limitada a 48 horas, no contiene referencia alguna a la duración de la detención judicial que seguirá siendo el de las 72 horas previstas en la Ley procesal común (art. 497 LECrim). Durante este plazo el Juez de Menores podrá pronunciarse sobre la pertinencia de adoptar las medidas cautelares contempladas en el artículo 28 instadas por el Fiscal cuando el menor ha sido puesto como detenido a su disposición (art. 17.5), practicando los medios de prueba propuestos por las partes y los exámenes exigidos por la Ley que permitan valorar las circunstancias personales y sociales del menor y la convicción de la elección de la medida más adecuada desde la perspectiva del interés del menor y de su situación personal. El apartado 4 del artículo 17 atribuye al Juez de Menores la competencia para prorrogar la detención de un menor implicado en delitos de terrorismo o pertenencia a bandas armadas conforme autoriza el artículo 520 bis de la LECrim, sometiendo la misma a los plazos y condiciones previstos en este artículo al no contemplar

81 «La Detención y otras formas de coerción con menores». *Revista de Derecho Penal*. Núm. 3, mayo 2001. Editorial Lex Nova. Págs. 35 y ss.

la Ley de menores ninguna específica particularidad que le distancie del tratamiento procesal común, lo que estaría justificado en la línea de reducción de plazos de la detención de menores. Evidentemente, en estos supuestos la detención gubernativa no deber exceder de 48 horas —en contra de lo afirmado por la Fiscalía General del Estado en su Circular 1/2000—establecidas con carácter general en el artículo 17.5, pudiendo ser prorrogadas a petición del Fiscal hasta un límite máximo de otras 48 horas.

El Juez de Menores no sólo tiene competencias para prorrogar la detención del menor en los supuestos contemplados en el artículo 520 bis de LECrim sino también para adoptar «las resoluciones judiciales previstas en dicha precepto» entre las que se encuentra la «incomunicación» del menor detenido, decisión que, al implicar una restricción del derecho de defensa y una privación de los derechos inherentes al régimen penitenciario, con suspensión de las comunicaciones y correspondencia y sus relaciones con el letrado defensor (art. 527 LECrim), no puede ser adoptada por el Fiscal de menores al requerir «de un acuerdo judicial que viene impuesto por una situación que va más allá de lo que constituye el fundamento de una resolución de detención» (STS 7-12-96).

La remisión genérica a la LECrim por su carácter supletorio y la específica mención del artículo 520 bis de aquella Ley, ha de producir los mismos efectos que los aquí previstos para los detenidos incomunicados adultos, con suspensión del derecho a comunicar con su familia mientras dure tal situación.

Es criticable, respecto de menores detenidos incomunicados, la privación del derecho a poner la detención en conocimiento del familiar o persona que desee (art. 527 LECrim), que le reconoce el artículo 520 de la Ley procesal y reproduce el 17.1 de la Ley de Menores, redactado en tal forma que se contempla no sólo como un derecho del menor, sino como una obligación de la autoridad que ha decidido la detención.

La crítica está más justificada si se tiene en cuenta la postura de la doctrina con relación a la privación del derecho a comunicar la detención de los detenidos adultos considerada como excesiva y desproporcionada. Finalmente, también quedará en suspenso el derecho del menor detenido incomunicado a entrevistarse reservadamente con el letrado que el artículo 22.b) permite, incluso, antes de prestar declaración a diferencia de lo establecido en el artículo 520 de la LECrim donde sólo es posible la entrevista después de la diligencia de declaración.

La incomunicación no solo puede acordarse con menores imputados en delitos comprendidos en el art. 520 bis de la LECrim sino con cualquier detenido o preso por causas distintas (art. 506 de la LECrim) en función de lo que aconsejen los intereses de la instrucción, supuesto que es de aplicación a los menores. Silencia la ley los posibles recursos que asisten al menor contra la adopción por el Juez de Menores de resoluciones en el marco del artículo 520 bis de la LECrim considerando que, a la luz de lo establecido con carácter general en materia de recursos (art. 41.2) y en el procedimiento abreviado, de aplicación supletoria, que no admite recurso de apelación contra los autos de detención y prisión provisional, sólo cabrá el de reforma pero en modo alguno el de apelación.

La Regla 17 de las Naciones Unidas para la Protección de los Menores Privados de Libertad adoptadas por la Asamblea General en su Resolución 45/113, de 14 de diciembre de 1990 afirma que: en la medida de lo posible, deber evitarse y limitarse a circunstancias excepcionales (la detención de menores) antes del juicio.

Concluyendo, la regulación de la detención de menores mediante su remisión en bloque a los supuestos contemplados en la LECrim nos parece censurable, considerando necesario un tratamiento específico y más restrictivo de los supuestos que permitan su adopción, más acorde con las recomendaciones internacionales, lo mismo que se ha hecho con los plazos establecidos para la detención gubernativa del menor

1.1.2. Medidas cautelares de protección y custodia del menor inimputable

La Ley instaura un tratamiento cautelar específico para los menores que en el transcurso de la instrucción quede suficientemente acreditado que se encuentran en algún supuesto de exención de la responsabilidad penal por enfermedad psíquica, drogodependencia o alteración de la percepción (supuestos 1.°, 2.° y 3.° del art. 20 del Código Penal).

En estos casos, el artículo 29 ordena que se adopten las medidas cautelares precisas para la protección y custodia del menor conforme a los preceptos civiles aplicables, instando el Fiscal, en su caso, las actuaciones para la incapacitación del menor y la constitución de los organismos tutelares conforme a derecho pero sin perjuicio

El tratamiento procesal de los menores exentos de responsabilidad podría seguir, en principio dos vías igualmente defendibles.

Una, la de la Ley en su artículo 29, sometiendo al menor inimputable únicamente a medidas de protección y, otra, la de permitir la adopción de medidas cautelares penales cuando lo exija el éxito del procedimiento, dado que este continúa, si bien el cumplimiento de tales medidas cautelares debería llevarse a cabo en centros especiales en consideración a la situación personal del menor.

De acuerdo con la última de las vías indicadas, si el éxito de la instrucción penal exigiera adoptar medidas cautelares de naturaleza penal, es evidente que éstas deberían ser las contempladas en el artículo 28 de la Ley y su adopción corresponder al Juez de Menores a instancia del Fiscal, si bien se deberían llevar a cabo, de acuerdo con la finalidad curativa o terapéutica que la situación personal del menor aconsejara, en centros especializados de salud mental o de formación y educación especial específicos para menores infractores que habrán de ser creados al amparo de esta Ley, (art. 7.1.d) o en los centros de salud mental o de formación o educación especial de naturaleza civil (art. 54.2), a disposición del Juez de Menores que sería el competente para conocer de las incidencias del internamiento y acordar el cese de la medida cautelar adoptada.

La redacción del artículo 29 de la Ley, por el contrario, no parece admitir la posibilidad de adoptar medidas cautelares penales respecto de menores que, en fase de instrucción, se encuentren en causa de exención de la responsabilidad penal sino, simplemente, medidas de protección y custodia de naturaleza civil, es decir, las comprendidas en el Código Civil y en la LO 1/1996 de Protección Jurídica del Menor —acogimiento y guarda asistencial—, pues no otra interpretación cabe hacer de la expresión «se adoptarán las medidas cautelares (...) conforme a los preceptos civiles aplicables». Tratándose de menores exentos de responsabilidad —otra cuestión a resolver, no menor, será la de comprobar hasta qué punto puede quedar suficientemente acreditada la enajenación mental del menor durante el transcurso de la instrucción como exige el art. 29— el legislador da prioridad a las necesidades curativas y terapéuticas del imputado por encima de otras finalidades propias del derecho penal de adultos. Este criterio nos parece acertado, pero se plantean una serie de dudas de carácter expositivo, ¿por qué ha de continuar el procedimiento penal?, ¿no hubiese sido más correcto acordar el sobreseimiento/ libre del expediente al apreciar alguna causa de la culpabilidad, tal como establece el art. 30.4 de la Ley 5/2000 de Menores, apreciada en la fase de instrucción?[82].

Resulta conflictivo el tratamiento jurídico penal que cabe dar al menor enfermo mental, si debe darse preferencia a la norma relativa a los menores de edad o a la relativa a las anomalías o alteraciones psíquicas, inclinándonos por esta última, si recordamos la afirmación de RODRÍGUEZ DEVESA[83], según el cual «las medidas de tipo curativo han de tener una prioridad absoluta sobre las de tipo educativo o de cualquier otra índole». La Ley no ha seguido este camino sino que ordena la continuación de la causa sin perjuicio de que en sentencia se adopten las medidas terapéuticas que procedan. El tratamiento procesal del menor inimputable se equipara, así, al de los inimputables adultos respecto de los que la LECrim no autoriza el sobreseimiento sino que ordena la continuación de la causa hasta sentencia[84].

82 SÁNCHEZ GARCÍA DE PAZ, M. I., *Minoría de Edad Penal y Derecho Penal Juvenil. Estudios de Derecho Penal*. Editorial Comares. 1998. Págs. 95-9 6 .

83 RODRÍGUEZ DEVESA, J. M., «Problemática Jurídica de la Delincuencia de Menores», en *Delincuencia Juvenil*. Universidad de Santiago de Compostela, Vigo. 1973. Pág. 192.

84 El sobreseimiento libre a que se refiere el artículo 637.3 de la LECrim cuando aparezcan exentos de responsabilidad criminal los procesados no justifica «el archivo definitivo de las actuaciones» (STS 17-7-95) como tampoco lo permite el artículo 790.3 referido al procedimiento abreviado pues, como afirma la STS 16-4-79, en los supuestos de exención de responsabilidad «las medidas de seguridad sólo pueden imponerse mediante sentencia dictada por el Juez competente y previo juicio oral, público y contradictorio».

Aun admitiendo que el tratamiento de los menores inimputables en fase de instrucción sólo prevé respuestas protectoras, pendiente un procedimiento penal, su adopción será competencia de los órganos judiciales pues como afirma HERRERO PEREZAGUA «sólo en el caso de que nos hallemos ante un proceso jurisdiccional estaremos en condiciones de referirnos a las medidas cautelares»[85].

Es cierto que el carácter «cautelar» de las medidas nada nos dice acerca del órgano judicial competente para acordarlas, sino solamente que su adopción procede en el marco de un proceso jurisdiccional en vigor.

Pues bien, tratándose de medidas de protección que se acuerdan en el marco del procedimiento penal de menores será el órgano judicial que está conociendo —Juez de Menores— quien debe adoptarlas con carácter urgente y provisional para asegurar los derechos y la persona del menor[86].

Si las medidas cautelares se adoptan dentro de un proceso judicial en trámite (como ocurre con los menores inimputables autores de hechos delictivos) y aquéllas tienden a dar protección inmediata y urgente al propio menor, nadie mejor que el Juez de Menores que está interviniendo para su adopción pues será el que está en posesión de toda la información acerca de las necesidades y situación en que se encuentra, pudiendo conocer la mejor forma de intervenir para otorgar una protección eficaz de sus derechos

Abona la competencia del Juez de Menores para adoptar estas medidas protectoras el que contra las mismas se admita recurso de apelación ante la Audiencia Provincial (art. 41.3). Más arriesgado es pronunciarse acerca de la competencia judicial o administrativa para el seguimiento y control de la ejecución de la medida cautelar de protección adoptada por el Juez de Menores, ejecución que se habrá de llevar a cabo «conforme a los preceptos civiles aplicables». En principio, este precepto no impediría, a nuestro juicio, que el

---

85 HERRERO PEREZAGUA, J. F., *Tutela Cautelar del Menor en el Proceso Civil*. Editorial Cedeco. 1997.

86 HERRERO PEREZAGUA, J. F., *op. cit.* Págs. 37 y ss. En contra, ORNOSA FERNÁNDEZ, M. R., *Las Medidas Cautelares en el Procedimiento Penal de Menores*. Ponencia presentada en las Jornadas sobra la Ley de Responsabilidad Penal de los Menores celebradas el 12 de junio de 2001 en Segovia.

Juez de Menores mantenga el control de la ejecución de la medida cautelar adoptada aunque aquella sea de las establecidas en la legislación civil (acogimiento y guarda asistencial) y se ejecute, bien en centros específicos de menores, bien en los centros de salud o de educación especial previstos en los artículos 763 de la LEC y 271 del Código Civil, dado que se adoptan en el marco de un procedimiento penal que continúa su tramitación, en cuyo caso las medidas adoptadas y su cese precisarían de la aprobación por el Juez que las acordó como ocurre (salvando las distancias derivadas de la distinta cultura jurídica) en el marco de la Ley Penal Juvenil Alemana, en la que el Juez de Menores puede adoptar, respecto de menores inimputables, las medidas que corresponden al llamado «Juez de Tutelas »recogidas en la Ley de Bienestar del Menor (art. 3, último párrafo de la Ley Penal Juvenil de 11 de diciembre de 1974), competencia, al parecer, que ha encontrado rechazo en la práctica judicial por el carácter criminalizador que comporta pues, como afirma ALBREH, la alternativa de la Ley de Bienestar del Menor, aparentemente proclive a la socialización, es a menudo sólo una alternativa aparente, al generar fuertes estigmatizaciones, discriminaciones y mecanismos de aislamiento[87].

En ese sentido, también puede ser defendida la interpretación que, partiendo de la consideración de la naturaleza protectora de las medidas curativas y terapéuticas a adoptar, al margen del proceso, tras su adopción por el Juez de Menores, éste pierda toda competencia en favor de las Entidades Públicas competentes en protección de menores o bien en favor de los Juzgados de Familia o de Primera Instancia si la medida adoptada fuera de internamiento en un centro de salud mental.

Sin embargo, ante la inexistencia de una regulación legal sobre la competencia del órgano —administrativo o judicial y, dentro de estos, del orden civil o del propio Juzgado de Menores— así como sobre el trámite procesal a través del cual se ha de llevar a cabo el control de la ejecución de las medidas acordadas, su atribución al Juzgado de Menores que la adoptó se impone con base en los siguientes argumentos:

1. Es una medida cautelar adoptada en el marco de un proceso penal y como incidente del mismo.

---

87 ALBRECH, *Derecho Penal de Menores*. PPU. 1980. Pág. 135.

2. La adopción de la medida no pone fin a la intervención del Juzgado de Menores, que seguirá conociendo del procedimiento principal en cuyo seno aquélla se tomó hasta su conclusión por sentencia que, de declarar la participación del menor en los hechos delictivos enjuiciados, dará lugar a la imposición de medidas terapéuticas que, en esencia, tendrán la misma finalidad que las de protección acordadas con carácter cautelar y que, por dicha razón, no deben seguir un trámite procesal ajeno al conocimiento del juzgador, evitando que la intervención de distintos organismos actúen descoordinadamente con el riesgo de intervenciones contradictorias respecto del mismo menor.

No debe sorprender, finalmente, que el Juzgado de Menores, órgano jurisdiccional perteneciente al orden penal, aplique en el marco del procedimiento judicial normas administrativas y civiles por ser frecuente en todas las jurisdicciones con tal de que actúe con suficiente cobertura legal.

El trámite procesal para la adopción y ejecución de las medidas cautelares adoptadas no deberá seguir el procedimiento de la jurisdicción voluntaria previsto en la Disposición adicional primera para la adopción de las medidas de protección de menores de la LO 1/1996 de Protección Jurídica del Menor, sino que deben ser acordadas como incidente del asunto principal, en pieza separada del mismo, con respeto a los derechos de defensa y audiencia del menor, en el marco de una comparecencia de naturaleza similar a la prevista para la adopción de las medidas cautelares penales del artículo 28 de la Ley.

El régimen legal de la adopción de las medidas de protección y custodia adoptadas con menores exentos de responsabilidad deberá caracterizarse, a nuestro juicio, por las siguientes particularidades:

1. Dada la amplia gama de medidas de protección de menores previstas en el Código Civil y en la Ley 1/96 de Protección Jurídica del Menor, el Juzgado de Menores adoptará aquéllas que sean necesarias para la protección y custodia del menor sin que quede vinculado por la concreta solicitada por el M. Fiscal.
2. Aun cuando lo habitual será que se adopten a instancia del Fiscal instructor que, como tal, tendrá conocimiento del estado personal y situación del menor expe-

dientado puestos de relieve por los informes técnicos aportados, incluidos los emitidos por el Médico forense si fuera necesario, la naturaleza protectora de estas medidas pudiera legitimar para promover su adopción a los padres o representantes legales del menor como permite el artículo 158.3 del Código Civil. Sería posible, por tanto, una ampliación de la legitimación activa, dependiendo de qué «interés» se esté protegiendo con la adopción de la medida cautelar —la buena investigación del proceso penal o el interés del menor.

3. En principio no será preceptiva la intervención de letrado conforme a lo establecido en la Disposición adicional tercera de la LO 1/1996 de Protección Jurídica del Menor, pero dado que las medidas que pueden ser acordadas pudieran afectar al derecho fundamental a la libertad —caso de internamiento en un centro de salud mental— su adopción debería rodearse de las mismas garantías previstas en el artículo 24 de la Constitución y, de forma especial, el derecho de defensa que, dicho sea, está garantizado desde la incoación del expediente en el que aquellas medidas se adoptan como incidente del mismo. Pues bien, creemos que el menor inimputable debería estar asistido en el momento de la adopción de la medida por Letrado, y ello por cuanto el derecho a la tutela judicial efectiva garantiza el derecho a la asistencia y defensa (art. 24.1 CE). Además como ha manifestado el Tribunal Constitucional en Auto núm. 148/1999 (Sala Segunda, Sección 3), Auto Tribunal Constitucional núm. 148/1999 (Sala Segunda, Sección 3), de 14 junio, al resolver el Recurso de Amparo núm. 2865/1997: «(...) En la jurisdicción y en el procedimiento de menores deben aplicarse las garantías vigentes en las demás jurisdicciones: defensa y asistencia de letrado: la instrucción de derechos al menor representa una garantía que viene impuesta por el art. 24 CE interpretado de conformidad con el art. 40.2 b) ii) de la Convención sobre los Derechos del Niño, así como por el art. 15.1.3.° de la LOCPJM (Ley Reguladora de la Competencia y Procedimiento de los Juzgados de Menores) y que se garantiza no sólo a los menores detenidos sino también a aquellos que no han sido objeto de detención».

4. Si la medida adoptada consistiere en el internamiento en un centro psiquiátrico o de educación o formación

especial del menor (arts. 211 y 271 de Código Civil), la competencia del Juez de Menores alcanzará, como respecto de cualquier otra medida protectora, al control de la ejecución pues en este caso el Juez no se limita a «autorizar» el ingreso, como indican los artículos citados, sino a «adoptarla», como afirma el artículo 29 de la Ley, siendo igualmente competente para acordar el cese de la misma.

1.1.3. Diligencias de entrada y registro

Las diligencias de entrada y registro no tienen que ser practicadas personalmente por el Juez de Menores ya que pueden ser encomendadas, incluso, a la Policía Judicial (art. 763 de la LEC y art. 271 del CC) y, por tanto, al Fiscal de Menores aunque habrán de ser autorizadas por aquél mediante auto motivado que comprenda los fines perseguidos es decir, la detención del imputado y la recogida de los efectos e instrumentos del delito (art. 546), y practicadas en la forma establecida en la ley procesal .

Dado que no es una exigencia constitucional, la diligencia de registro, pese a lo establecido en el art. 574 que atribuye la recogida de los efectos del delito al Juez, puede ser practicada, en el procedimiento de menores, por el Fiscal, asumiendo éste las mismas competencias que en el procedimiento penal ordinario tiene el Juez de Instrucción.

Cuestión distinta será el valor probatorio que cabe atribuir a estas diligencias practicadas por el Fiscal de Menores. Para Gimeno Sendra las diligencias de registro requieren obligatoriamente la presencia judicial ya que, siendo la finalidad esencial del registro el preconstituir prueba, dicho acto ha de revestir las notas esenciales de ésta: la intervención de la autoridad judicial, de un lado, y, la posibilidad de contradicción por otro. Sin intervención judicial, afirma este autor, no hay prueba sino meros actos de investigación[88]. Las diligencias de entrada y registro autorizadas por el Juez y practicadas por el Fiscal no alcanzarían, así, valor de prueba preconstituida al exigir esta que se lleve a cabo con respeto a los principios de inmediación y contradicción.

88 Gimeno Sendra, V., *Derecho Procesal*. Segunda Edición. Tomo II. Tirant lo Blanch. Pág. 300.

Por el contrario, para el Tribunal Constitucional las diligencias de registro practicadas por la Policía Judicial y a presencia del Secretario, adquieren carácter de prueba preconstituida aunque no sean llevadas a cabo materialmente por el Juez y, por tanto, bajo los principios de inmediación y contradicción. Así, la STC 288/97 afirma que «la ausencia de Secretario Judicial en las diligencias de registro practicadas en las actuaciones instructoras determina, en consecuencia, que las correspondientes actas formalizadoras de tal diligencia sumarial carezcan de la necesaria autenticidad para atribuirles, por sí mismo, el carácter de prueba de cargo»[89]. En la misma línea el TS en su sentencia de 14-11-97 indicó que «el registro sin intervención de Secretario Judicial no transciende de una diligencia de investigación policial sin alcanzar el acta levantada el carácter y naturaleza de documentos preconstituidos a efectos probatorios».

Parece, pues, que para el TC y TS lo que otorga carácter de prueba preconstituida no es tanto la presencia judicial —que estará ausente en la mayoría de los casos— como la Intervención del Secretario Judicial quien en virtud de su carácter de fedatario público, levantando acta dota a dicha diligencia de valor probatorio.

También indica la sentencia mencionada que la ausencia de Secretario Judicial en las diligencias de registro no supone vulneración de derecho fundamental alguno: «la no intervención del Secretario Judicial en la práctica de los diversos registros, si bien no integra un supuesto de prueba prohibida,

89 También indica la sentencia mencionada que la ausencia de Secretario Judicial en las diligencias de registro no supone vulneración de derecho fundamental alguno: «la no intervención del Secretario Judicial en la práctica de los diversos registros, si bien no integra un supuesto de prueba prohibida, puesto que tal ausencia no vulnera derecho constitucional alguno, sí constituye, en cambio, una infracción procesal en orden a la práctica de una diligencia de investigación como es la de registro, que requiere para ser admitida como prueba preconstituida, que en su realización se hayan respetado todos los requisitos garantizados exigidos por la LECr y entre ellos, como esencial, la presencia del Secretario Judicial pues solamente su Intervención podrá dotar a los resultados en ella obtenidos, de dicho carácter de prueba preconstituida, por la condición de titular de la fe pública judicial de la que se halla aquél investido (art. 281.1 LOPJ) y en cuanto integrante de un órgano judicial independiente. PÁG. 192 / Poder Judicial n.ª 60.

puesto que tal ausencia no vulnera derecho constitucional alguno, sí constituye, en cambio, una infracción procesal en orden a la práctica de una diligencia de investigación como es la de registro, que requiere para ser admitida como prueba preconstituida, que en su realización se hayan respetado todos los requisitos garantizados exigidos por la LECrim y entre ellos, como esencial, la presencia del Secretario Judicial pues solamente su Intervención podrá dotar a los resultados en ella obtenidos, de dicho carácter de prueba preconstituida, por la condición de titular de la fe pública judicial de la que se halla aquél investido (art. 281.1 LOPJ) y en cuanto integrante de la doctrina examinada se desprende que el Fiscal de Menores estará legitimado para la práctica de los registros autorizados por el Juez pero dicha diligencia tendrá distinto valor probatorio en función de que se lleve a cabo cumpliendo o no las garantías procesales y, en concreto, con la intervención del Secretario Judicial, dependiendo de ello el carácter probatorio o limitándose a ser, sin más, una mera diligencia policial. Lo que no parece posible es otorgar a las diligencias del Fiscal la misma eficacia probatoria que a las practicadas con la garantía de la fe pública del Secretario, por más que el Estatuto Orgánico del M. Fiscal dote a aquellas de presunción de autenticidad (art. 5°3°) pues, esta presunción de autenticidad admite prueba en contrario y puede ser desvirtuada a través de otras pruebas[90].

1.1.4. Intervenciones de comunicaciones

Cualquier modalidad de intervención de las comunicaciones —detención, apertura y examen de correspondencia— debe ser acordada por el juez de menores al ser limitativa de un derecho fundamental (art. 18 de la CE) mediante resolución motivada en la que se determine con precisión el objeto de la intervención (art. 583 de la LECrim).

Aun cuando las intervenciones de la correspondencia, de conversaciones telefónicas o comunicaciones telegráficas

90 GIMENO SENDRA, V., *El Nuevo Proceso Penal*. Pág. 82. Quizá sea ésta la razón por la que RUÍZ VADILLO, E. se planteaba en forma de pregunta el Fiscal en su actividad investigadora debería estar asistido de un Secretario Judicial, «La Actuación del M. Fiscal en el Proceso Penal». Justicia Penal. *Revista de Poder Judicial* Número especial II. Pág. 81.

no tienen que ser efectuadas personalmente por el Juez de Menores deberán de ser remitidas al mismo para su examen y conocimiento (art. 586 de la LECrim) quien decidirá en virtud de su contenido procesal incorporarlas o no a la causa y su remisión al Fiscal instructor pues como afirma la STS de 11-1 0-94 «es al Juez y no a la policía quien compete determinar y seleccionar los pasajes que se entiendan útiles para la instrucción de la causa, excluyendo los que carezcan de relevancia para la investigación y, sobre todo, aquellos que, por afectar a la intimidad de terceros ajenos al proceso (...) deben con mayor razón ser excluidos de la publicidad»[91].

Por lo tanto, el requisito del control judicial que, entre otras, exige la STS de 22-1-96 y reproduce la de 26-2-2000[92] trae como consecuencia que el examen y selección de la información intervenida no será competencia del Fiscal sino del Juez de Menores por cuanto se trata de datos que afectan al derecho fundamental a la intimidad personal tanto del menor imputado como de terceras personas. Sin embargo, nos encontramos nuevamente ante una evidente paradoja: la garantía de los derechos fundamentales obliga a la intervención judicial en la fase instructora pero esta intervención difícilmente podrá llevarse a cabo por el Juez de Menores sin poner en peligro su imparcialidad al tener que pronunciarse primero, sobre la procedencia o no de la intervención solicitada por el Fiscal —lo que precisará de un conocimiento directo de los hechos investigados— y, después, decidir, en defensa de los derechos de terceros y del propio presunto autor, qué información es relevante a los fines de la instrucción.

1.1.5. Secreto del expediente

El derecho a la tutela judicial efectiva constituye una de las garantías contempladas en el artículo 24 de la CE, razón

91 La STS de 4-3-97 afirma que «la diligencia de apertura de la correspondencia desprovista de las garantías que la legitiman deviene nula». *Poder Judicial* n.° 60.

92 El control judicial riguroso de las intervenciones telefónicas, afirma la mencionada STS 22-1-96, es predicable «no solo de su iniciación, sino también del desarrollo y cesación de la medida, rigor especial y doblemente exigible, teniendo en cuenta el desconocimiento en el que ha de estar, por razones obvias, el vigilado de la vigilancia a la que es sometido».

por la que, cualquier restricción al derecho fundamental de defensa en el marco del proceso penal del menor deberá ser autorizado judicialmente. Pues bien, en determinados supuestos y para evitar un perjuicio irreparable a los fines de la investigación criminal se limita por ser incompatibles, el derecho de acceso a las personas imputadas a las actuaciones sumariales, restringiendo así las garantías procesales constitucionalmente garantizadas como el derecho de defensa, el derecho a conocer la acusación y el derecho a utilizar los medios de prueba, acordándose estas restricciones por el órgano judicial mediante auto motivado.

El artículo 24 de la Ley atribuye al Juez de Menores a instancia del Fiscal la facultad de decretar el secreto del expediente, total o parcialmente, durante toda la instrucción o durante un periodo limitado de ésta, si bien el letrado del menor deberá, en todo caso, conocer en su integridad el expediente al evacuar el trámite de alegaciones.

Se trata de una medida restrictiva de derechos fundamentales idéntica a la concedida al Juez de Instrucción por el artículo 302 de la LECrim pero sorprende que goce de menos controles que ésta en cuanto a su duración pues de acuerdo con la LECrim el secreto del sumario no puede durar más de un mes —si bien el TC ha admitido la posibilidad de prórroga de dicho plazo— y deberá alzarse con diez días de antelación a la conclusión de aquél mientras que en el proceso de Menores puede durar toda la instrucción hasta el momento del trámite de alegaciones por la defensa, diferencia de trato que no se encuentra suficientemente justificada.

De este modo con el secreto del expediente durante el proceso de instrucción en el proceso de menores, podría vulnerarse el derecho a ser informado de la acusación, recogido en el art. 24.2 de la CE. Con este derecho fundamental se intenta evitar las llamadas acusaciones sorpresivas, es decir supuestos en los que habiendo sido decretado el secreto del expediente, el menor fuese declarado culpable de un delito del que desconociese su acusación.

El art. 14.3 del Pacto Internacional de los Derechos Civiles y Políticos recoge este principio acusatorio:

> «Durante el proceso, toda persona acusada de un delito tendrá derecho, en plena igualdad, a las siguientes garantías mínimas:

a) A ser informada sin demora, en un idioma que comprenda y en forma detallada, de la naturaleza y causas de la acusación formulada contra ella;

b) A disponer del tiempo y de los medios adecuados para la preparación de su defensa y a comunicarse con un defensor de su elección;

c) A ser juzgada sin dilaciones indebidas».

La Sala Segunda del Tribunal Constitucional ha declarado que Sentencia de 9 de febrero de 2009, que: «(...) El Principio Acusatorio, trata de eludir acusaciones sorpresivas, indefensiones y condenas por delitos por los que no ha sido acusado una persona, exige una comparación entre delitos por los que se acusa y delitos por los que se condena, sin que puedan cumplir la función de comparación las diligencias iniciales de investigación judicial de uno o más delitos en los que aún no aparecen perfilados ni los hechos ni la calificación jurídica inherente. A este respecto no se puede tener en cuenta, ni la calificación del hecho por la denunciante, ni la indiciariamente llevaba a cabo por el órgano judicial en los primeros pasos del procedimiento, sino las especificadas en las conclusiones definitivas de las partes acusadoras en comparación con la Sentencia definitivamente dictada» (SSTC 11/1992; 95/1995; 36/1996; 4/2002; ATC 467/2004).

1.1.6. Medidas para la protección de testigos y peritos

El artículo 37.3 extiende las medidas de protección de testigos y peritos contempladas en la LO 19/1994, de 23 de diciembre, al procedimiento penal de menores afirmando que «en su caso, en este procedimiento se aplicará lo dispuesto en la legislación relativa a la protección de testigos y peritos en las causas criminales».

De la ubicación del precepto en la fase de audiencia y más concretamente en el trámite de su celebración se deduce, obviamente, que es una medida que compete adoptar al Juez de Menores. Sin embargo, las medidas cautelares para la protección a testigos y peritos en el proceso penal, para ser eficaces, se han de acordar a lo largo de toda la fase de instrucción, incluida la preliminar, y así viene contemplado en la Ley orgánica mencionada, atribuyendo la competencia para su adopción al Juez de Instrucción y en la fase de enjuiciamiento al Juzgado Penal o a la Audiencia Provincial. La misma extensión cabe hacer de la Ley del Menor al afirmar ésta, que las medidas de protección a testigos y peritos se aplicarán «en este procedimiento », es decir, en todas sus fases y no sólo en la de la audiencia.

Tratándose de medidas de protección a testigos y peritos adoptadas en el procedimiento de menores habrá que preguntarse cuál ha de ser el órgano competente en la fase instructora: el Fiscal o el Juez de Menores. Todo dependerá de que sea una actuación que Diligencias de instrucción restrictivas de Derechos Fundamentales, restrinja o no derechos fundamentales, competiendo en caso negativo al Fiscal de Menores.

De la Exposición de Motivos de la Ley 19/1994 se desprende que, en principio, aquellas medidas pueden afectar a los derechos fundamentales del artículo 24 CE pues no a otra conclusión parece conducir la afirmación allí contenida, según la cual «la ley tiene como norte hacer posible el necesario equilibrio entre el derecho a un proceso con todas las garantías y la tutela de los derechos fundamentales inherentes a los testigos y peritos y sus familiares». En todo caso, cabría distinguir la posible limitación de los derechos del imputado y de las partes a un proceso con todas las garantías, de los derechos de los testigos y peritos pues estos últimos lejos de ser restringidos por las medidas adoptadas quedarían protegidos y salva guardados, salvo que se entienda que implica algún tipo de restricción de derechos el hecho de ser ocultada la identidad, el domicilio y profesión que son, como sabemos, alguna de las medidas en que aquéllas consisten.

No parece que las medidas de protección adoptadas en la fase instructora supongan, en principio, restricciones de derechos fundamentales de las partes ni, en concreto, del derecho de defensa, por la simple consecuencia de que se oculte la identidad de tales personas, identidad que, en todo caso, podrá ser conocida tras las calificaciones provisionales (art. 4). En el mismo sentido se pronunció la Sentencia del Tribunal Supremo de 9.12.1999, el famoso caso «Arny», al entender: «que no había originado vulneración del derecho de defensa la adopción por la Magistrada instructora de medidas de protección de los menores a los que en calidad de testigos se les aplicó desde el primer momento la Ley de Protección de Testigos y Peritos ya que las defensas pudieron interrogar a los testigos protegidos en el acto del juicio oral, dándose cumplimiento al principio de contradicción y el Tribunal de instancia únicamente ha tenido en cuenta aquellas declaraciones de los testigos protegidos que se han ratificado en el acto del plenario para garantizar, del modo más efectivo, el derecho de defensa y al proceso debido».

Sin embargo, no es éste el criterio mayoritario de la doctrina que entiende que las medidas protectoras que venimos estudiando suponen limitación de los derechos de defensa del imputado[93] y de los derechos a la libertad de expresión y publicidad del artículo 20.1 CE[94].

El Tribunal Constitucional se ha pronunciado al respecto, en numerosas Sentencias, entre ellas habría que destacar:

- La Sentencia del Tribunal Constitucional núm. 96/1987 (Sala Primera), de 10 junio Recurso de Amparo núm. 420/1986: «El principio de publicidad estatuido en el art. 120 de la Constitución tiene una doble finalidad: Por un lado, proteger a las partes de una justicia sustraída al control público, y por otro, mantener la confianza de la comunidad en los Tribunales, constituyendo en ambos sentidos tal principio una de las bases del debido proceso y uno de los pilares del Estado de Derecho. El art. 24.2 de la Constitución ha otorgado a los derechos vinculados a la exigencia de la publicidad el carácter de derechos fundamentales, lo que abre para su protección la vía excepcional del recurso de amparo. En los mismos términos se encuentra reconocido el derecho a un proceso público en el art. 6.1 del Convenio Europeo de Derechos Humanos (RCL 1979\2421 y ApNDL 3627),

93 Ferrer García, A., *Diligencias de Protección Referidas al Perjudicado y a los Testigos. La Instrucción del Sumario y las Diligencias Previas*. Cuadernos de Derecho Judicial III. 1998. Pág. 226.

94 Ortels Ramos, M., *Exclusividad Judicial para la Restricción de Derechos Fundamentales. Medidas Restrictivas de Derechos fundamentales*. Cuadernos de Derecho Judicial XII. 1996. Pág. 46; Vieites Pérez, C., *Restricciones a la Libertad de Expresión y Protección de Secreto Sumarial*. Los Procesos Paralelos. Medidas Restrictivas de Derechos Fundamentales. Cuadernos de Derecho Judicial. XII. 1996.Pág. 412; Cartagena Pastor, F., *Protección de Testigos en Causas Criminales. La Ley orgánica 19/94, 23 de diciembre*. Boletín de Información. Ministerio de Justicia. N§ 1758, Año XLIX. 15 de octubre. 1995. Págs. 91-92.

habiendo sostenido al respecto el Tribunal Europeo de Derechos Humanos, en idéntica dirección que la que acabamos de señalar, que «la publicidad del procedimiento de los órganos judiciales, establecida en el art. 6.1 del referido Convenio, protege a las partes contra una justicia secreta que escape al control público; por lo que constituye uno de los medios de preservar la confianza en los Jueces y Tribunales» (sentencia en el caso «Pretto y otros», de 8 de diciembre de 1983; asimismo en la del caso «Axen», de la misma fecha). De acuerdo con ello, la publicidad del proceso ocupa una posición institucional en el Estado de Derecho que la convierte en una de las condiciones de la legitimidad constitucional de la administración de justicia.

- La Sentencia del Tribunal Constitucional núm. 13/1985 (Sala Segunda), de 31 enero Recurso de Amparo núm. 358/1984, que establece: «El secreto del sumario no significa, en modo alguno, que uno o varios elementos de la realidad social (sucesos singulares o hechos colectivos cuya conocimiento no resulte limitado o vedado por otro derecho fundamental según lo expuesto por el artículo 20.4 de la CE) sean arrebatados a la libertad de información, en el doble sentido de derecho a informarse y derecho a informar, con el único argumento de que sobre aquellos elementos están en curso unas determinadas diligencias sumariales. De ese modo, el mal entendido secreto del sumario equivaldría a crear una atípica e ilegítima «materia reservada» sobre los hechos mismos acerca de los cuales investiga y realiza la oportuna instrucción el órgano judicial, y no sobre «las actuaciones» del órgano judicial que constituyen el sumario (art. 299 de la LECr.). El principio de publicidad, por otra parte, tiene un carácter eminentemente formal, pues de otro modo no podría satisfacer las finalidades que se derivan de sus elementos esenciales: El control público de la justicia y la confianza en los Tribunales. Como establece, por último, el art. 120.1 de la Constitución, la publicidad del proceso puede conocer excepciones, que, en todo caso, deberán estar autorizadas por una Ley. Una primera excepción se encuentra en el art. 232 de la Ley Orgánica del Poder Judicial, que en su párrafo segundo establece que «excepcionalmente, por razones de orden público y de protección de los derechos y libertades, los Jueces y Tribunales, mediante resolución motivada, podrán limitar el ámbito de publicidad y acordar el carácter secreto de todas o parte de las actuaciones». Otra es la del art. 680 de la Ley de Enjuiciamiento Criminal, según el cual las sesiones podrán tener lugar «a puerta cerrada cuando así lo exijan razones de moralidad o de orden público, o el respeto debido a la persona ofendida por el delito o a su familia», y el Presidente, previa consulta con el Tribunal, adoptará la decisión correspondiente, «consignando el acuerdo en Auto motivado. De lo dicho resulta que la publicidad del proceso no puede restringirse sino por los motivos expresos que la ley autorice, y, en consecuencia, las facultades que las leyes procesales otorgan a los Tribunales no pueden desconocer el principio de publicidad, razón por la cual deben ser interpretadas de tal manera que dejen a salvo su vigencia. Por lo tanto, debe señalarse, como también lo ha hecho la Sentencia recurrida, que el art. 268 de la Ley Orgánica del Poder Judicial —a cuyo tenor, como se dijo, se autoriza la constitución del órgano judicial fuera de su sede—, contiene una norma encaminada a dotar de eficacia el procedimiento, cuya aplicación debe hacerse sin merma de las garantías constitucionales del proceso».

Podría afirmarse que en la fase de instrucción difícilmente puede vulnerarse el derecho a la libertad de expresión y de publicidad de las actuaciones cuando son, por ley, secretas de acuerdo con lo establecido en el artículo 301 de la LECrim. Sin embargo, la cuestión no está clara a la luz de la doctrina constitucional según la cual el secreto de las actuaciones sumariales es, ante todo, una excepción a la garantía de la publicidad del artículo 120.1 de la CE lo que obliga a una interpretación restrictiva del mismo (STC 13/85) y a replantear el objeto y alcance del secreto sumarial, quedando fuera del mismo las referencias genéricas a la investigación y naturaleza del hecho investigado (STS 19-10-95).

Podría, en consecuencia, defenderse que la identidad de los testigos y peritos en el procedimiento penal no fuera, en principio, materia protegida por el secreto del sumario a los medios de comunicación de forma que la sustracción de aquellos datos en virtud de la aplicación de la Ley de Protección a los peritos o testigos supondría una limitación del derecho fundamental a la información lo que exigiría de la previa autorización judicial y, por tanto, del Juez de Menores cuando aquellas medidas protectoras tuvieran que adoptarse en la fase de investigación criminal.

2. En el Juicio de acusación:

2.1. Trámite de audiencia

Corresponde al Juez de Menores una vez recibido el escrito de alegaciones del Ministerio Fiscal, —con el expediente de reforma, las piezas de convicción y demás elementos procesales— declarar abierto mediante auto motivado el trámite de audiencia arts. 33.a) y 34.

El art. 33.1.d) concede al Juez de Menores la cobertura necesaria para denegar la celebración de la audiencia cuando considere que no le corresponde el conocimiento del asunto, remitiendo las actuaciones al juez competente. No obstante, por parte del Ministerio Fiscal se deberá impedir que en este momento procesal existan dudas sobre el enjuiciamiento del hecho que no conseguirían sino dilatar el procedimiento. De ahí que el art. 21 establezca que el Ministerio Fiscal ha de acordar la remisión de lo actuado al órgano judicial competente. Siendo esta regla una concreta expresión del deber estatutario impuesto con carácter general por el Estatuto Orgánico del Ministerio Fiscal, cuyo art. 3.8 obliga a los Fiscales a velar por el mantenimiento de la integridad de la jurisdicción y la competencia de los Jueces y Tribunales.

Además, el art. 33.1.e) atribuye al Juez de Menores la decisión acerca de la práctica de las pruebas propuestas por el Letrado del Menor y que hubieran sido denegadas por el Ministerio Fiscal, durante la instrucción, siempre que no puedan celebrarse en el trascurso de la audiencia y que el juez estime que son relevantes a los efectos del proceso.

Estamos ante la atribución a la defensa de una «vía impugnativa» frente a la resolución del Fiscal que deniega la práctica de una diligencia de instrucción solicitada por el Abogado del menor ante la cual no cabe recurso alguno. Esta vía impugnativa consiste en la posibilidad de reproducir su petición, en cualquier momento, ante el Juez de Menores, quien se pronunciará sobre la procedencia de la diligencia interesada (art. 26.1)[95].

Esta posibilidad de que el Juez de Menores pueda acordar, en su caso, la práctica de las diligencias denegadas por el Fiscal durante la instrucción de las actuaciones fue introducida por el Grupo Vasco del Congreso (enmienda 11) con la siguiente argumentación: «es obligado conceder al Letrado del menor la posibilidad de solicitar la práctica de pruebas de descargo en cualquier momento de la causa. Si el Ministerio Fiscal se niega a admitirla, siendo ésta parte en el procedimiento, el Abogado debe poder acudir en solicitud de la práctica de la diligencia denegada al Juez de Menores y no es preciso que deba esperar al trámite de alegaciones[96], ya que, de ser practicada la prueba con anterioridad al mismo, quizás diese como resultado el sobreseimiento del expediente antes de alcanzar dicho trámite (...)».

Esta enmienda, aceptada por la ponencia y convertida en texto legal con el fin loable de que se garantice más adecuadamente el derecho de defensa y la igualdad de las partes en el proceso, cuestiona de raíz la propia naturaleza del Ministerio Fiscal como instructor, y al mismo tiempo, pone en peligro la garantía de imparcialidad del Juez de Menores, que se verá implicado en la fase de investigación no sólo como «Juez de la libertad o garante del libre ejercicio de los derechos fundamentales», en la terminología de la STC 60/95, de 17 de marzo, sino también en toda la actividad instructora[97].

La innovación revolucionaria que ha supuesto atribuir al Ministerio Público la instrucción del procedimiento, previsto en la LO 5/2000, de 12 de enero, Reguladora de la Respon-

95 A diferencia del texto definitivamente aprobado, el texto del Proyecto de Ley establecía en el último inciso del art. 26.1, que con relación a las diligencias no practicadas, el Letrado podrá reproducir la petición en el escrito de alegaciones en el Juzgado al que se refiere el art. 31 de esta Ley.

96 Defiende esa tesis ORNOSA FERNÁNDEZ, M. R., *Derecho Penal de Menores, op. cit.*, págs. 284 y 285.

97 *Cfr.* APARICIO BLANCO, P., «Diligencias de Instrucción restrictivas de Derechos Fundamentales, competencia del Juez de Menores en el ámbito de la Ley de Responsabilidad Penal de los Menores», en *Revista del Poder Judicial*. C.G.P.J, 3.° época, núm. 60.2000, págs. 197-199.

sabilidad Penal de los Menores (LRPM), ajeno a nuestro clásico y aún vigente sistema procesal penal, no ha merecido explicación alguna por el legislador, como había hecho en el Proyecto de ley[98], limitándose a afirmar que en dicha materia se han tenido en cuenta los criterios recogidos en la doctrina del Tribunal Constitucional, especialmente en las Sentencias 36/91, de 14 de febrero y 60/95, de 17 de marzo, relativas a las garantías y derechos fundamentales que necesariamente han de imperar en el procedimiento seguido ante los Juzgados de Menores. La única referencia que a la figura del Ministerio Fiscal se hace en la Exposición de Motivos de la Ley se limita a recoger la afirmación de que «la posición del Fiscal, es relevante en su doble condición de institución que constitucionalmente tiene encomendada la función de promover la acción de la justicia y la defensa de la legalidad, así como de los derechos de los menores, velando por el interés de estos». Sin embargo, estas funciones en modo alguno justifican las nuevas atribuciones que se le otorgan al Ministerio Público sobre la instrucción del procedimiento, pues una cosa es ejercer la acusación en defensa de la legalidad y otra, distinta, la instrucción del procedimiento, teniendo en cuenta que no existe título constitucional alguno que obligue a atribuirla a dicho órgano (art. 124 CE).

Ciertamente, la LO 4/1992 ya había atribuido al Ministerio Fiscal si no directamente «la instrucción» del procedimiento sí, al menos, la dirección de «la investigación» y la iniciativa procesal con la finalidad de que quedase preservada la imparcialidad del juzgador que sí es una garantía derivada del ordenamiento constitucional (art. 24 CE). Discutir aquí y ahora la posible constitucionalidad de la atribución al Fiscal de la instrucción penal, cuestionada por parte de la doctrina, carece de sentido, siendo suficiente recordar que la imparcialidad del Juez de Menores sólo exigía la estricta separación (atribuyendo a órganos distintos) de las funciones de instrucción y de fallar, pero en modo alguno obligaba a que la primera haya de ser residenciada en un órgano no jurisdiccional.

98 La Memoria Expositiva que el Gobierno remitió al Congreso de los Diputados con el Proyecto de Ley (10 de septiembre de 1998) hacía constar que «la Instrucción del procedimiento se atribuye al Ministerio Fiscal, siguiendo una directoria propia de los ordenamientos procesales más modernos» (Párrafo 4.°).

Por otro lado, sorprende que la doctrina, salvo excepciones[99], y el propio legislador hayan pasado por alto el riesgo de imparcialidad que también puede provocar atribuir a un mismo órgano —en este caso al Ministerio Público— las funciones de instruir y, al mismo tiempo, acusar, ignorando la doctrina del Tribunal Europeo de Derechos Humanos sentada sobre esta materia en la Sentencia de 23 de octubre de 1990 (Caso HUBER), en la que apreció vulneración del artículo 5.3 de la Convención Europea de Derechos Humanos afirmando que «es claro que el Convenio no se opone a que el magistrado que ordena la detención tenga también otras facultades pero su imparcialidad suscitará dudas si puede intervenir en el proceso penal posterior como parte acusadora».

La atribución de la instrucción a un órgano no jurisdiccional implicará no poder practicar aquellas diligencias que tengan la consideración de actos jurisdiccionales que en el nuevo procedimiento corresponden al Juez de Menores sin que la intervención de éste en la fase instructora —y, al mismo tiempo, en el fallo de la causa— suponga vulneración del derecho al juez imparcial como tiene afirmado el TC en la Sentencia 60/95, de 17 de marzo, por cuanto dichos actos jurisdiccionales «no constituye en puridad, actos de investigación o instructorios, sino que son única y exclusivamente limitativos de derechos fundamentales expresamente reservados a la autoridad judicial que actúa no como Juez de Instrucción sino como Juez de la Libertad».

Siguiendo los criterios establecidos en la Sentencia comentada el legislador articula un procedimiento en el que se atribuye al Ministerio Público la instrucción del procedimiento (art. 16) pudiendo practicar las diligencias que estime pertinentes para la comprobación de los hechos a excepción de aquéllas que sean «restrictivas de derechos fundamentales» que habrá de solicitar del Juez de Menores (art. 23). Se reproduce, así, con palabras distintas, el contenido del art. 50, párrafo 20 del Estatuto Orgánico del Ministerio Fiscal, según el cual éste no podrá adoptar medidas cautelares o limitativas de derechos.

---

99 De la Oliva Santos, A., *Jueces Imparciales, Fiscales «Investigadores» y nueva Reforma para la Vieja Crisis de la Justicia Penal*. PPU, 1999.

El Fiscal de Menores asumirá, por lo tanto, como instructor, todas las competencias que posee el Juez de Instrucción en la tramitación de las diligencias sumariales comprendidas en el Título IV del Libro II de la LECrim, es decir, la práctica de todas aquellas actuaciones encaminadas a preparar el juicio, averiguación y constancia de la perpetración de los delitos cometidos por un menor conforme a lo establecido en el artículo 299 de la ley procesal salvo aquellas que, excepcionalmente, supongan restricción de derechos fundamentales.

Por ello aun cuando la Ley no establece límite alguno a la facultad del Abogado del menor para dirigirse al Juez postulando la práctica de la diligencia rechazada, no parece aceptable, que el indudable derecho que asiste a la defensa de poder contradecir eficazmente el criterio del Fiscal instructor, tenga que necesariamente traducirse en el desarrollo de una instrucción judicial paralela a la del Fiscal, pues dicho resultado práctico resultaría contradictorio con la estructura general del proceso que la Ley diseña, que atribuye al Fiscal el protagonismo en la fase de instrucción hasta su conclusión final, siendo más prudente entender que la intervención del Juez de Menores, en relación con las diligencias ordinarias de instrucción denegadas por el MF, queda legalmente pospuesta hasta la apertura de la fase intermedia o de alegaciones, la cual sucede una vez dictado el decreto de conclusión del expediente (arts. 31 y 33.3)[100].

Ahora bien, cuando se trata de diligencias de instrucción relevantes a los efectos del proceso, esto es, a efectos de decidir si resulta procedente la apertura de la audiencia o el sobreseimiento de las actuaciones, el propio texto de la Ley autoriza al Juez, una vez abierta la fase intermedia o de alegaciones, a practicar «por sí», dichas pruebas (art. 33.e).

Esta posibilidad se alza como alternativa a la convocatoria de audiencia (art. 33.a) y al sobreseimiento (art. 33.b y c) y sirve para configurar un genuino trámite de instrucción judicial complementaria a instancia de la defensa cuyo objeto es dirimir la necesidad de proseguir el procedimiento.

Si el juez de Menores contradiciendo el criterio manifestado en fase de instrucción por el Fiscal, estima la pertinencia de las diligencias solicitadas, puede abrir entonces un breve

100 Criterio mantenido por la Circular de la Fiscalía General del Estado 1/2000, relativa a los criterios de aplicación de la LORPM.

trámite en el curso del cual las practicará por sí. Siendo esto así, ninguna violación del Juez imparcial puede producirse por la acumulación en un mismo órgano jurisdiccional de la fase intermedia y la del juicio oral, toda vez que no puede existir asunción simultánea de funciones instructoras y enjuiciadoras allí donde, por haberse concluido ya la instrucción, tan sólo las hay de enjuiciamiento sobre la apertura o no de la audiencia y la de su efectiva realización (STC 60/1995, de 17 de marzo, FJ 6.º).

2.2. Celebración de la audiencia

A. Régimen jurídico de la asistencia del menor. Principio de publicidad

El art. 35.1 regula el régimen jurídico de la presencia o ausencia de quienes pueden ser llamados a la celebración de la audiencia: «La audiencia se celebrará con asistencia del Ministerio Fiscal, de las partes personadas, del letrado del menor, de un representante del Equipo Técnico, y del propio menor, el cual podrá estar acompañado de sus representantes legales, salvo que el Juez, oídos los citados Ministerio Fiscal, letrado del menor y representante del Equipo Técnico, acuerde lo contrario.

La citada disposición legal somete a un tratamiento individualizado la presencia o ausencia de los representantes o legales del menor, regulando con carácter facultativo su presencia. Igualmente somete a la decisión jurisdiccional la exclusión de esa presencia, decisión que impone al Juez oír previamente al Ministerio Fiscal, al Letrado del Menor y al representante del Equipo Técnico. Ahora bien, dada la importancia en el proceso del menor tiene la audiencia, la exclusión del representante legal debe tener carácter excepcional.

El apartado 2 del mismo art. 35 establece el régimen jurídico del principio de publicidad durante la celebración de las sesiones: «El Juez podrá acordar, en interés de la persona imputada o de la víctima, que las sesiones que no sean públicas y en ningún caso se permitirá que los medios de comunicación social obtengan o difundan imágenes del menor ni datos que permitan su identificación»[101].

101 Torres Andrés, J. M., *Ley de la Responsabilidad Penal de los Menores*, Editorial Trivium, S.A., 2001. págs. 315 y ss.

Se autoriza al Juez a acordar una excepción al principio general de publicidad, siempre que ello venga impuesto por «el interés de la persona imputada o de la víctima». Se trata del criterio previsto en el art. 6.1 del Convenio Europeo para la protección de los Derechos Humanos y libertades Fundamentales, a cuyo tenor: «Toda persona tiene derecho a que su causa sea oída equitativamente, públicamente (...). La sentencia debe ser pronunciada públicamente, pero el acceso a la Sala de la Audiencia puede ser prohibido a la prensa y al público durante la totalidad o parte del proceso en interés de la moralidad, del orden público o de la seguridad nacional en una sociedad democrática, cuando el interés del menor o la protección de la vida de las partes en el proceso así lo exijan».

De igual manera se pronuncia el art. 14.1 del Pacto Internacional de Derechos Civiles y Políticos, aprobado por la Asamblea General de las Naciones Unidas en 19 de diciembre de 1966. Según dicho precepto: «(...) La prensa y el público podrán ser excluidos de la totalidad o parte de los juicios por consideraciones de moral, orden público o seguridad nacional en una sociedad democrática o cuando lo exija el interés de la vida privada de las partes o en la medida estrictamente necesaria en opinión del Tribunal, cuando por circunstancias especiales del asunto la publicidad pudiera perjudicar los intereses de la justicia; pero toda sentencia en materia penal o contenciosa será pública, excepto en los casos en que el interés de los menores de edad exija lo contrario».

Así lo tiene entendido también el Tribunal Constitucional, que en Sentencia 36/1991, de 14 de febrero, dictada con motivo de la cuestión de inconstitucionalidad suscitada por varios jueces de Menores en relación con el Texto Refundido de la Legislación sobre Tribunales Tutelares de Menores, tuvo ocasión de declarar:

> «Las especiales características del proceso reformador que nos ocupa, determinan, sin embargo, que no todos los principios y garantías exigidos en los procesos contra adultos hayan de asegurarse aquí en los mismos términos. Tal es el caso del principio de publicidad, en donde razones tendentes a preservar al menor de los efectos adversos que puedan resultar de la publicidad de las actuaciones, podría justificar su restricción. En tal sentido conviene recordar que este principio admite ex-

cepciones en los términos señalados en las leyes de procedimiento, y así se recoge en el propio art. 120.1 C.E, y en concordancia con el mismo, en el art. 233 L.O.P.J. Específicamente en el ámbito internacional, y por lo que respecta a los procesos seguidos contra menores, se prevé dicha posibilidad. Así, en la regla 8 de las llamadas «Reglas de Beijing», se señala que para evitar que la publicidad indebida o el proceso de difamación perjudique a los menores, se respetará en todas las etapas el derecho de los menores a la intimidad, y que en principio no se publicará ninguna información que pueda dar lugar a la individualización de «un menor delincuente». Asimismo, tal restricción se reconoce en el art. 14 del Pacto Internacional de Derechos Civiles y Políticos, en el art. 6 del Convenio Europeo para la Protección de los Derechos Humanos y de las Libertades Fundamentales y en el art. 40 de la Convención sobre los Derechos del Niño de 20 de noviembre de 1989».

Respecto a la intervención del Ministerio Fiscal, aun cuando el art. 35.2 atribuye a la decisión del órgano judicial la exclusión de la publicidad, ello no es óbice para que como órgano garante de la intimidad del menor, deba instar al órgano judicial para que excluya la publicidad de las sesiones.

Por otro lado, el mismo apartado 2 del art. 35 excluye sin ningún margen de alternativa, que los medios de comunicación obtengan o difundan imágenes del menor que permitan su identificación.

B. Sentencia de conformidad

El régimen jurídico de la conformidad está previsto en los arts. 32 y 36 de LORPM. El art. 32 prevé la conformidad a través del escrito de alegaciones de la defensa, y el art. 36 prevé que esa conformidad se exteriorice al inicio de las sesiones de la audiencia, al responder el menor a las preguntas que ha de formularle el juez «El juez seguidamente preguntará al menor si se declara autor de los hechos y si está de acuerdo con las medidas solicitadas y con la responsabilidad civil». No obstante de la literalidad del art. 32 [«Si el escrito de alegaciones de la acusación solicitara la imposición de alguna o algunas de las medidas previstas en las letras e) a ñ) del apartado 1 del artículo 7, y hubiere conformidad del menor y de su letrado, así como de los responsables civiles, la cual se expresará en comparecencia ante el Juez de Menores en los términos del art. 36, éste dictará sentencia sin más trámites»], hace pensar que la conformidad a la que se está aludiendo, no es otra que la comparecencia ante el Juez de Menores del art. 36.

La conformidad del menor en un trámite previo al momento de la audiencia carece de efectos legales, por lo que desde el punto de vista teórico el órgano judicial habría de practicar todas las citaciones para la audiencia a sabiendas de que ésta probablemente no se celebrará.

Sin embargo, en la praxis procesal, y a fin de evitar dilaciones indebidas la comparecencia a la que alude el art. 36, se realizará de forma independiente, al comienzo de las sesiones de la audiencia. Todo ello sin perjuicio de que el Juez examine los presupuestos que impone el art. 32 acerca de la naturaleza y límites de las medidas[102].

El legislador quiere —así se desprende del tenor gramatical del art. 32— que la conformidad sólo tenga un momento y un vehículo para su exteriorización: el de la comparecencia ante el Juez de Menores a que se refiere el art. 36. Sin embargo, el legislador no ha podido prohibir que esa aceptación de los hechos y de la medida subsiguiente se formule ya en el escrito de alegaciones. De este modo la comparecencia a que se refiere el precepto sería no la que define el momento de la expresión de la conformidad, sino la que determina la producción de sus efectos[103].

El menor puede igualmente y de acuerdo con lo establecido en el art. 36 mostrar su conformidad, una vez que iniciadas las sesiones de la audiencia, sea interrogado por el Juez, y su Letrado muestre su aquiescencia a esa conformidad. El Juez en tales supuestos podrá dictar Sentencia de conformidad. Se trata de una prevención con carácter potestativo, en la que el Juez habrá de ponderar necesariamente si la conformidad prestada por ambos responde al interés del menor. Todo ello pone de relieve que el Juez de Menores se convierta en un «juez garante del libre ejercicio de los derechos fundamenta-

102 Ver la Circular 1/2007, de 23 de noviembre sobre criterios interpretativos tras la reforma de la legislación de menores de 2006.

103 Criterio mantenido por la Circular de la Fiscalía General del Estado 1/2000, relativa a los criterios de aplicación de la LORPM.

les». En el mismo sentido se ha pronunciado el Tribunal Constitucional en Sentencia de 60 /1995, de 17 de marzo:

> «La anterior circunstancia (...), ocasiona que el Juez de Menores no pueda ya ser configurado como un "Juez Instructor" (puesto que la instrucción le ha sido desgajada y conferida al Ministerio Público) sino como un "Juez de la libertad" o garante del libre ejercicio de los derechos fundamentales».

C. Desarrollo de la audiencia: Debate preliminar

El art. 37.1, establece un trámite similar a la Audiencia Preliminar en el Procedimiento Abreviado.

Ahora bien, aunque en el citado precepto se refiera de modo expreso a la eventual lesión de algún derecho fundamental o a la práctica de nuevas pruebas que las partes propongan en la propia audiencia, así como del planteamiento por el Juez de Menores de una distinta calificación jurídica de los hechos o de la conveniencia de aplicar una medida distinta a la propuesta, no hay duda de que también las demás cuestiones que en el procedimiento penal abreviado son susceptibles con ocasión de esta audiencia preliminar —competencia del juzgado, existencia de artículos de previo pronunciamiento (declinatoria de jurisdicción; cosa juzgada; prescripción del delito) y concurrencia de alguna de causa de suspensión— han de tener cabida en este trámite del proceso penal de menores.

El alcance de una nueva propuesta probatoria planteada por el Juez a las partes y al Ministerio Fiscal debe ponerse en relación con el apartado 2 del mismo artículo 37, que limita las posibilidades de aportación probatoria en esta concreta fase del procedimiento a aquellas que «que ofrezcan las partes para su práctica en el acto». Y todo ello por cuanto la audiencia ya ha sido formalmente abierta, ha iniciado sus sesiones y, precisamente por ello, es en su seno donde habrá de concentrarse la práctica de la actividad probatoria propuesta por el Fiscal y las partes[104].

104 Criterio mantenido por la Circular de la Fiscalía General del Estado 1/2000, relativa a los criterios de aplicación de la LORPM.

Igualmente, en el citado precepto el legislador ha querido arbitrar un momento específico para hacer valer quejas relativas a posibles vulneraciones de derechos fundamentales que se hayan podido producir a lo largo de las distintas fases que preceden la celebración de la audiencia. Con independencia de cual haya sido el acto vulnerado —aunque en la práctica la alegación de ese menoscabo por la defensa suele estar referido a la actividad instructora llevada a cabo por el Fiscal—, el legislador ha querido dar entrada a este trámite con el fin de conceder una antesala depuradora de las posibles violaciones de los derechos fundamentales del menor. Una vez desarrollado el debate contradictorio entre el Fiscal y el defensor del menor, el Juez «acordará la continuación de la audiencia o la subsanación del derecho vulnerado, si así procediere». Añade el citado precepto que «si acordara la continuación de la audiencia, el Juez resolverá en la sentencia sobre los extremos planteados». La utilización de la conjunción disyuntiva «o» parece construir dos alternativas —la continuación de la audiencia o la subsanación del derecho vulnerado—, olvidando que cabe perfectamente —y así ocurre en la práctica—, la acción subsanadora y a continuación la continuación de la audiencia.

Por último, el precepto comentado atribuye también a esta audiencia preliminar la eventualidad de que el Juez de Menores pueda poner de manifiesto la posibilidad de aplicar una distinta calificación o una distinta medida de la que hubieran solicitado. Sin embargo la aplicación de una calificación jurídica alternativa por parte del Juez habrá de acomodarse a los criterios jurisprudenciales que han venido definiendo las facultades del órgano jurisdiccional a la hora de desvincularse de la calificación jurídica suministrada por las partes. No hay que olvidar que la homogeneidad entre el tipo invocado por el Fiscal y el fundamento jurídico de la sentencia constituye una exigencia irrenunciable para descartar toda posibilidad de indefensión. Ahora bien respecto al grado de vinculación del Juez de Menores respecto a la medida sugerida por las partes y de conformidad con lo establecido en el art. 8 párrafo 1, el Juez no podrá imponer una medida que imponga una mayor restricción de derechos, ni por tiempo superior a la medida solicitada por el Ministerio Fiscal. A tal fin la enumeración contenida en el art. 7 de la LO 5/2000, enumeración que se ordena «según las restricciones de derechos que suponen (...)», constituyen un instrumento aplicativo de primer orden a la hora de fijar los límites y el alcance de las facultades del órgano jurisdiccional.

D. Práctica de la prueba e informe

Terminada la audiencia preliminar y acordada la continuación de lo que en el proceso penal de menores se llama audiencia, comienza la práctica de la prueba propuesta por las partes y admitida por el Juez, así como de la que previa declaración de su pertinencia, ofrezcan las partes para su práctica en el acto.

La práctica de las pruebas a desarrollar durante la audiencia se acomoda, a falta de previsión expresa a los criterios generales que establece la LECR., al regular la actividad probatoria.

Finalizada la práctica de las pruebas admitidas y oído el equipo técnico sobre las circunstancias del menor, «el Juez oirá al Ministerio Fiscal y al letrado del Menor sobre la valoración de la prueba, sus calificación jurídica y la procedencia de las medidas propuestas», extremo este último sobre el que tiene nuevamente que oír al equipo técnico, ya que no se olvide, el interés del menor es el designio preponderante en este proceso. Se trata de un momento de la audiencia equiparable a las conclusiones definitivas en el procedimiento abreviado.

Pese al silencio del texto legal, también es en ese momento de la audiencia donde interviene el perjudicado personado, que aun cuando carece de la capacidad legal necesaria para el ejercicio de la acción penal, puede asistir a la audiencia e intervenir activamente en el desarrollo de la actividad probatoria, al autorizarlo de modo expreso el art. 25 párrafo 5.

Finalmente, el Juez tiene que escuchar al menor «dejando la causa vista para sentencia»[105].

3. Sentencia

Finalizada la audiencia, el Juez de Menores dictará sentencia sobre los hechos sometidos a debate en el plazo máximo de cinco días.

La sentencia penal es la resolución de judicial que pone fin a cualquier instancia a la fase declarativa del proceso

105 TORRES ANDRÉS, J. M., *Ley de la Responsabilidad Penal de los Menores*, Editorial Trivium, S.A., 2001, página 359.

penal, resolviendo motivada y razonadamente las cuestiones suscitadas por las partes relativas a la determinación de los hechos, su subsunción jurídica, la declaración de las consecuencias punitivas y civiles y en definitiva a la condena o absolución del acusado (arts. 142 y 742 de la LECR, 248.3 de la LOPJ y 120 de la CE).

En el proceso de menores la sentencia presenta ciertas peculiaridades, determinadas por la especialidad de la materia, la naturaleza de los destinatarios de las sentencias que son prioritariamente los propios menores y también por la orientación, más reeducadora que punitiva de las medidas que se imponen.

Con carácter general la forma de las sentencias penales las establece el art. 142 de la LECR., que debe de servir de guía inicial para determinar la estructura de la sentencia en el proceso de menores, pero con las modificaciones derivadas de la LOPJ y de la propia Ley de Menores.

El art. 248.3 de la LOPJ establece que «las sentencias se formularán expresando en párrafos separados y numerados los antecedentes de hecho, hechos probados, en su caso, los fundamentos de derecho y por último el fallo. Serán firmados por el Juez, Magistrado o Magistrados que las dicten».

La sentencia de conformidad con lo dispuesto en el art. 39 de la LORPM contendrá todos los requisitos previstos en la vigente Ley Orgánica del Poder Judicial, y, en ella valorando las pruebas practicadas, las razones expuestas por el Ministerio Fiscal y por el Letrado del Menor y lo manifestado por éste, tomando en consideración las circunstancias y gravedad de los hechos, así como todos los datos debatidos sobre la personalidad, situación, necesidades y entorno familiar y social del menor y la edad de éste en el momento de dictar la sentencia, resolverá sobre las medidas propuestas, con indicación expresa de su contenido, duración y objetivos a alcanzar con las mismas. También podrá anticipar oralmente el fallo al término de las sesiones de la audiencia sin perjuicio de su documentación arreglo a lo dispuesto en el art. 248.3 LOPJ.

El fallo de la sentencia debe ser congruente, es decir debe dar respuesta a todas las cuestiones planteadas por las partes. Ahora bien, sobre si el requisito de la congruencia puede incluirse como un derecho fundamental a obtener la tutela judicial efectiva, previsto en el art. 24 de la CE. El Tribunal

Constitucional ha manifestado en Auto núm. 386/1996 (Sala Primera, Sección 2), de 19 diciembre, al resolver el Recurso de Amparo núm. 1421/1996, que:

> «La congruencia es una categoría legal y doctrinal cuyos contornos no corresponde determinar a este Tribunal. Nuestra función se limita a garantizar que la tutela que prestan los Juzgados y Tribunales cumple el mínimo establecido por el art. 24 de la Constitución (SSTC 15/1987 [RTC 1987\15], fundamento jurídico 3º; 311/1994 [RTC 1994\311], fundamento jurídico 2º, y 144/1996 [RTC 1996\144], fundamento jurídico 4º). Por lo tanto, la incongruencia es un quebrantamiento de forma del proceso que sólo conlleva la vulneración del art. 24.1 CE si provoca la indefensión de alguno de los justiciables o deja sin resolver el fondo del litigio (STC 191/1995 [RTC 1995\191], fundamento jurídico 3º). La llamada incongruencia omisiva sólo tiene, pues, relevancia constitucional cuando, por dejar imprejuzgada la pretensión oportunamente planteada, el órgano judicial no tutela los derechos e intereses legítimos sometidos a su jurisdicción, provocando una denegación de justicia (SSTC 53/1991 [RTC 1991\53], fundamento jurídico 2º, y 57/1997, fundamento jurídico 5º). Denegación que se comprueba examinando si existe «un desajuste externo» entre el fallo judicial y las pretensiones de las partes, nunca verificando «la lógica de los argumentos» empleados por el juzgador para fundar su fallo (STC 118/1989 [RTC 1989\118], fundamento jurídico 3º)».

Para que pueda apreciarse incongruencia omisiva es necesario que concurran los siguientes requisitos:

1. Que la omisión o silencio verse sobre cuestiones jurídicas y no fácticas.
2. Que las pretensiones ignoradas se hayan formulado claramente y en el momento procesal oportuno.
3. Que se trate efectivamente de pretensiones y no meros argumentos o alegaciones que apoyen una pretensión.
4. Que no consten resueltas en la sentencia, ya de modo directo o expreso, ya indirecto o implícito, siempre que el conjunto de la resolución permita conocer sin dificultad la motivación de la decisión implícita, pues en todo caso a de mantenerse el imperativo de razonabilidad de

la resolución (SSTS 77/96, de 5 de febrero; 263/96, de 25 de marzo; 893/97, de 20 de junio y 798/99, de 18 de mayo).

Las Sentencias deben ser motivadas. Esta obligación que el art. 120.3 de la CE impone a los órganos judiciales, es un derecho fundamental que debemos entender incluido en el derecho a la tutela judicial efectiva del art. 24.1 de la CE. Así, el Juez, al redactar la resolución, procurará expresar sus razonamientos en un lenguaje claro y comprensible para la edad del menor, que es el principal destinatario de la sentencia. La sentencia debe consignar expresamente los hechos que se declaren probados y los medios probatorios de los que resulte la convicción judicial.

Existe numerosa jurisprudencia tanto del Tribunal Supremo, Tribunal Constitucional como del Tribunal Europeo de Derechos Humanos, al respecto habría que destacar la sentencia número 1182/97, de 3 de octubre, de la Sala Segunda del Tribunal Supremo: «Las resoluciones judiciales no son meras expresiones de voluntad, sino aplicación razonable y razonada de las normas jurídicas, por lo que requieren una motivación que, aun cuando sea sucinta, proporcione una respuesta adecuada en Derecho a la cuestión planteada y resuelta».

> «La motivación de toda sentencia penal debe abarcar (SSTS 26 abril y 27 de junio 1995, entre otras) los tres aspectos relevantes de la resolución: 1° fundamentación del relato fáctico que se declara probado; 2°, subsunción de los hechos en el tipo penal procedente (elementos descriptivos y normativos, tipo objetivo y subjetivo, circunstancias modificativas), y 3°, consecuencias punitivas en el caso de condena».

El Tribunal Europeo de Derechos Humanos de Estrasburgo (Sección 3.ª) se ha pronunciado en ese mismo sentido en Sentencia, de 15 febrero 2007 Caso Boldea contra Rumania. Demanda núm. 19997/2002., señalando «El Tribunal recuerda que el derecho a un juicio justo, garantizado por el artículo 6.1 del Convenio (RCL 1999\1190, 1572), engloba, entre otros, el derecho de las partes en el proceso a presentar las alegaciones que consideren pertinentes para su causa. Como el Convenio no trata de garantizar derechos teóricos o ilusorios sino derechos concretos y efectivos (Sentencia *artico contra Italia* de 13 mayo 1980 [TEDH 1980\4], serie A núm. 37, pg. 16, ap. 33), este derecho no puede considerarse efectivo a menos que dichas alegaciones sean verdaderamente "oídas", es decir, debidamente examinadas por el tribunal apelado. Dicho de otro modo, el artículo 6 implica concretamente, para el "tribunal", la obligación de dedicarse a un examen efectivo de los motivos, argumentos y proposiciones de prueba de las partes, salvo si no se apreciare su pertinencia (Sentencias *Perez contra Francia* [JUR 2004\105173] [GS], núm. 47287/1999, ap. 80, TEDH 2004-I y *Van de Hurk* TEDH1994\18], previamente citada, ap. 59). Sin embargo, si bien el artículo 6.1 (RCL 1999\1190, 1572) obliga a los tribunales a motivar sus decisiones, ello no puede entenderse como la exigencia de dar una respuesta detallada a cada argumento (véase Sentencia *Van de Hurk* [TEDH 1994\18], previamente citada, ap. 61). El alcance de este deber puede variar según la naturaleza de la decisión. Además, es necesario tener en cuenta, especialmente, la diversidad de motivos que un litigante puede plantear ante la justicia y las diferencias dentro de los Estados contratantes en materia de normas legales, costumbres, concepciones doctrinales, presentación y redacción de las sentencias y los autos. Por ello, el hecho de si un tribunal ha incumplido su obligación de motivar derivada del artículo 6 del Convenio, sólo puede analizarse a la luz de las circunstancias de cada caso concreto (Sentencia *Ruiz Torija* [TEDH 1994\4], previamente citada, ap. 29). Además, la noción de proceso equitativo requiere que un tribunal interno que ha motivado brevemente su decisión, bien haciendo suyos los argumentos de un tribunal inferior o de otra forma, haya examinado realmente las cuestiones esenciales que le han sido planteadas y no se haya limitado a ratificar pura y simplemente las conclusiones de un tribunal inferior (Sentencia *Helle* [TEDH 1997\105], previamente citada, ap. 60)».

«La obligación de motivar las Sentencias, que el art. 120.3 de la CE impone a los órganos judiciales, puesta en relación con el derecho a la tutela judicial efectiva del art. 24.1 de la CE, que comprende, entre otros, el derecho a obtener una resolución fundada en Derecho de los Jueces y Tribunales, determina la necesidad de que las resoluciones judiciales (Autos y Sentencias) contengan una motivación suficiente que permita conocer las reflexiones que conducen al fallo, como factor de racionalidad en el ejercicio del poder, a la vez que facilita a los justiciables y a los Tribunales el control de la aplicación del Derecho realizada por los órganos judiciales». Auto Tribunal Constitucional núm. 386/1996 (Sala Primera, Sección 2), de 19 diciembre Recurso de Amparo núm. 1421/1996 RTC1996\386.

Por último, cabe destacar la posibilidad de conformidad con lo previsto en el art. 40 de la LORPM que se decrete de oficio o a instancia del Ministerio Fiscal o del letrado del menor, la suspensión de la ejecución del fallo, cuando la medida impuesta no sea superior a dos años de duración, durante un tiempo determinado y hasta un máximo de dos años.

Sin embargo, destaca la paradoja que encierra la previsión de la suspensión del fallo en relación con el principio general de prevalencia de los intereses preventivo-especiales. Porque si realmente se partiese de que en la imposición de la medida primaron los intereses educativos e incluso, se renunció a otros fines de Derecho Penal, no tendría sentido suspenderla una vez impuesta, ya que, la suspensión tiene como finalidad preservar las finalidades preventivo-especiales de la pena[106].

4. Régimen de los recursos

En cuanto al Régimen de los recursos, habría que destacar como puntos a tener en cuenta, los siguientes:

- La Inadmisibilidad de recursos frente a los Decretos del Ministerio Fiscal, que son las resoluciones que en el curso del procedimiento adopte el Fiscal, ya sea en la fase de Diligencias Preliminares o en el Expediente de Reforma.
- La posibilidad de interponer recurso de reforma/y apelación frente a las providencias del Juez de Menores, en el plazo de tres días a partir de la notificación ante el mismo órgano que la dictó, y posteriormente contra el auto resolutorio, recurso de apelación.
- La interposición de recurso de reforma u apelación, —si bien en este caso la reforma es potestativa— contra: autos que pongan fin al procedimiento; autos resolutorios de modificación de medidas; autos dictados para

106 Gómez Rivero, M. C., «Algunos aspectos de la LO 5/2000, de 12 de enero, reguladora de la responsabilidad penal del menor», *Actualidad Penal*, núm.10/2001, marzo 2001.

acordar las medidas cautelares de internamiento, libertad vigilada o convivencia con otra persona; autos dictados en aplicación de medidas cautelares en los supuestos de exención de responsabilidad en los casos de los números 1.°, 2.° y 3.° del art. 20 del CP; autos recaídos en materia de suspensión de la ejecución del fallo.

- La recurribilidad de la sentencia que dicte el Juez de Menores en apelación, ante la Sala de Menores del Tribunal Superior de Justicia, a tenor de lo dispuesto en los arts. 41. 1 y 25 párrafo último de la LORPM. Esta apelación se rige por los citados preceptos y subsidiariamente por lo dispuesto en el art. 803 de la LECrim para la apelación en el procedimiento abreviado.
- Interposición de recurso de casación ante la Sala Segunda del Tribunal Supremo para unificación de doctrina, frente a las sentencias dictadas en apelación por la Sala de Menores de los Tribunales Superiores de Justicia cuando se hubiera impuesto una de las medidas a las que se refieren las reglas 4.° y 5.° del art. 9 de la presente ley.
- Por último, cabe destacar que compete igualmente al Juez que ha dictado sentencia una genérica facultad de control de la ejecución de las medidas. Esta facultad es de similar contenido y conceptuación a la que ostentan los Jueces de Vigilancia Penitenciaria, si bien los Jueces de Menores tienen además las facultades que en el procedimiento de ejecución corresponden al Tribunal sentenciador en los procesos contra adulto.

III.
CONCLUSIONES

A lo largo de este este trabajo de investigación se ha visto como el nuevo proceso penal, pretendido en un futuro inmediato, cambia sustancialmente el concepto de instrucción al que nos tenía acostumbrado.

Se distingue entre una fase de investigación, el juicio de acusación y el juicio oral. En la fase de investigación es el Ministerio Fiscal el que asume su dirección, frente al Juez de garantías que en este caso actúa como garante de los derechos fundamentales, derechos de las partes, y controla la legalidad de las actuaciones penales, sobre todo cuando se solicita la adopción de medidas cautelares. La llevanza de la instrucción pasa a ser una función propia del Ministerio Fiscal, por cuanto no puede atribuirse al juez las funciones de investigación ya que debe velar por el mantenimiento de los derechos fundamentales de las personas, apartándose por tanto de las funciones instructoras. No obstante, es durante la fase intermedia, en el juicio de acusación, cuando el juez de nuevo asume las funciones propiamente jurisdiccionales, asumiendo la suficiencia de la acusación y la depuración de la prueba ilícita.

Durante todos los trabajos que el legislador ha redactado para los pretendidas reformas, se ha remarcada en todas que la dirección investigadora del MF, no es incompatible con el principio de principio de imparcialidad que debe presidir en su actuación, sin que sea exigible en esta fase que no produce prueba, una absoluta igualdad de armas entre acusador y acusado, y ello por supuesto sin perjuicio de la obligación del Fiscal de comprobar todos los elementos relativos al hecho y la responsabilidad, bien de cargo, bien en descargo del encartado.

No obstante en la fase preliminar investigadora queda sometida a un control externo ejercido por otra autoridad distinta, judicial —el «Juez de Garantías», «Juez de Libertades»— quien, con independencia y también con imparcialidad, y desligada completamente de la investigación, sirve de salvaguarda de los derechos fundamentales de las partes sometidas al procedimiento y resuelve finalmente sobre el sometimiento o no a juicio de la persona contra quien se ejercita la acción penal.

La atribución de la dirección de la instrucción al Ministerio Público no es incompatible ni con el principio acusatorio como se ha expuesto, ni contrario con la garantía constitucional de la acción pública, atribuida al Ministerio Fiscal, ni perjudicial para el justiciable. Y ello por cuanto:

1. Los actos de investigación pre procesales no tienen naturaleza jurisdiccional ni tienen que estar sometidos a los principios del juicio oral.
2. El Ministerio Fiscal, es una autoridad independiente de acuerdo con su Estatuto y su reconocimiento constitucional, quien tras su práctica decide si se ejercita la acción penal pública. Porque en realidad es él quien decide con los resultados obtenidos en la investigación si se presenta acusación o no. Por contra el sistema actual, dilatorio, complejo e innecesario nada aporta al sospechoso, desde el mismo instante que es el juez de instrucción quien debe investigar bajo las sospechas de culpabilidad y debe garantizar sus derechos. ¿No es algo incompatible y a la vez también podría decirse de paradójico?
3. El desplazamiento de las funciones instructoras del juez en la primera fase de investigación, supone la creación de una nueva figura judicial, ajeno a los resultados de las pesquisas de investigación y a la dirección funcional de la misma, y por tanto independiente, e imparcial. Quien en consecuencia podrá:
   - Autorizar todas aquellas diligencias que en la fase investigadora impliquen una colisión de derechos fundamentales.
   - Aprobar la realización de las pruebas anticipadas o preconstituidas, cuando resulte necesario.

Por último y en relación con la segunda parte del libro. La encomienda de la fase instructora al Ministerio Fiscal en el proceso de menores prevista en el LO5/2000, con la consiguiente separación de funciones en el proceso de menores del Ministerio Fiscal y del Juez de Menores, ha exigido un examen exhaustivo del mismo e independiente de la propuesta de reforma del proceso penal, primero por cuanto es un proceso, independiente, diferente y en el que se está actuando en interés y protegiendo en todo caso al menor. ¿No supone entonces una muestra de la garantía de los derechos del justiciable que además es un menor y que nuestro ordenamiento protege en todo caso garantizando por encima de otros principios el interés superior del menor .¿Hace más de veinte años que el proceso previsto en la LO5/2000 lleva funcionando, aplicándose, sin merma de los derechos de los menores sospechosos, por qué entonces no va funcionar en el proceso penal de mayores? ¿A qué está esperando el legislador? ¿Por qué no se ejecuta de forma inmediata, máxime con los modelos europeos de investigación penal que se están aplicando en los países de nuestro entorno europeo?

Todas estas preguntas se plantean una vez analizado las funciones investigadoras que se encomiendan y que se pretenden encomendar al Ministerio Público tras la lectura previa del contenido de este humilde trabajo de investigación.

IV.
BIBLIOGRAFÍA

Aparicio Blanco., P., «Diligencias de Instrucción restrictivas de Derechos Fundamentales, competencia del Juez de Menores en el ámbito de la Ley de Responsabilidad Penal de los Menore»s, en *Revista del Poder Judicial*. C.G.P.J, 3.º época, núm. 60, 2000.

Armenta Deu, T., *Lecciones de Derecho Procesal Penal*. Madrid: Marcial Pons, 8.ª edición Madrid, 2015.

Bastarreche Bengoa, T., *Constitución y Ministerio Público: Holanda, Italia y España* (1.ª ed.). Navarra: Thomson Reuters. 2010.

Cezón González, C., *La nueva Ley Orgánica Reguladora de la Responsabilidad Penal de los Menores*, Bosch, Barcelona, 2001.

Cuello Contreras, J., *El nuevo Derecho penal de menores*, en Cuadernos Civitas, Madrid, 2000.

Conde-Pumpido, C., *El principio de oportunidad reglada: su posible incorporación al sistema del proceso penal español,* en Ministerio de Justicia, Centro de Publicaciones (ed.), Congreso de Derecho Procesal de Castilla y León: La reforma del proceso penal, 1989.

Conde-Pumpido, C., «El principio de legalidad y el uso de la oportunidad reglada en el proceso penal». En *Revista de Poder Judicial*, n.º especial VI, 1989.

De la Cuesta, J. L./Germán I., *La Justicia Restaurativa en España*, Iustel, 2022, Madrid.

De la Rosa Cortina., «La responsabilidad penal de los menores, aspectos sustantivos y procesales», *Cuadernos de Derecho Judicial* CGPJ III-2001.

Díez Picazo, L. M., *El poder de acusar, Ministerio Fiscal y Constitucionalismo*. Ariel Derecho.1.° edición. Madrid. 2000.

Esquivias Jaramillo, J., «El principio de oportunidad procesal. Soluciones al conflicto. Recursos y ejecución de medidas», en *Estudios jurídicos del Ministerio Fiscal*, VI-2000, CEJAJ, Madrid. 2000.

Flores, I., *Algunas reflexiones sobre la naturaleza jurídico-política del Ministerio Fiscal en España*. En Boletín del Ministerio de Justicia, n.° 2084, Madrid 2009.

Galán Fernández, I., *Combate al fraude en la UE, la fiscalía europea*, Nicolás Rodríguez, (dir. tes), Universidad de Salamanca, 2020.

García Ingelmo F., «El fiscal y el principio de oportunidad en la LO 5/2000», *Estudios Jurídicos del Ministerio Fiscal*, VI, CEJAJ, Madrid, 2000.

Giménez Salinas, E./Rodríguez Aida, C., «El concepto restaurativo como principio en la resolución de conflictos», en De la Cuesta/Subijana, *Justicia restaurativa y terapéutica. Hacia nuevos modelos de justicia*. Valencia. Tirant lo Blanch.

Gisbert Jorda, T., «Análisis del procedimiento, sus fases, las demás partes en el proceso. Especial atención a la víctima como coadyuvante sin acción», *Estudios jurídicos del Ministerio Fiscal*, VI-2000, CEJAJ, Madrid, 2000.

Hernández López, A., «El Reglamento (UE) 2018/1727 sobre la agencia de la Unión Europea para la Cooperación judicial penal (Eurojust): Luces y sombras al amparo de los Arts. 85 y 86 TFUE». *Revista de Estudios Europeos*, N.° 75, 2020.

Herrero Perezagua, J, F., *Tutela Cautelar del Menor en el Proceso Civil*. Editorial Cedeco, 1997.

Landrove Díaz, G., *Derecho Penal de Menores*, Tirant lo Blanch, Valencia, 2000.

Sáinz Moreno, F., *El Ministerio Fiscal: garantía de defensa de la legalidad*, en publicación extraordinaria colectiva 40 años del Estatuto Orgánico del Ministerio Fiscal al servicio de la sociedad, Fiscalía General del Estado, Madrid 2021.

López López, A., *La instrucción del Ministerio Fiscal en el procedimiento de menores*, Comares, Granada. 2002.

López Ortega, J., «El Anteproyecto de la Ley de Enjuiciamiento Criminal de 2020: resumen de contenidos de la nueva Ley», en El proceso penal práctico: análisis de cuestiones polémicas (2021), *Revista de Formación a Distancia del CGPJ*, n.º 3, 2021, págs. 1-10.

Marchena Gómez, M., «El Ministerio Fiscal, su pasado y su futuro», 1.º edición, Marcial Pons, Madrid.

Polo Rodriguez, J. J. y **Huelamo Buendía, A. J.**, *La nueva Ley penal del menor*, Colex, 2.ª ed. 2001 y 3.ª edición actualizada a la LO 8/2006, Granada.

Aparicio Blanco, P., Diligencias de Instrucción restrictivas de Derechos Fundamentales, competencia del Juez de Menores en el ámbito de la Ley de Responsabilidad Penal de los Menores», en *Revista del Poder Judicial*. C.G.P.J, 3.ª época, núm. 60, 2000.

De la Oliva Santos, A., *Jueces Imparciales, Fiscales «Investigadores» y nueva Reforma para la Vieja Crisis de la Justicia Penal*. PPU.

Ornosa Fernández, M. R., *Derecho Penal de Menores*, Bosch, Barcelona, 2001.

Ramírez Ortiz, J., «El sistema de plazos en la instrucción. Aspectos generales y tres cuestiones concretas» en *La aplicación judicial del nuevo modelo de investigación penal. Derecho de defensa y plazos de instrucción*. Cuadernos Digitales de formación, n.º 53. 2018, CGPJ, Madrid.

Rodríguez Devesa, J. M., «Problemática Jurídica de la Delincuencia de Menores». En *Delincuencia Juvenil*. Universidad de Santiago de Compostela, Vigo. 1973.

Ruíz Vadillo, E., «La Actuación del M. Fiscal en el Proceso Penal». Justicia Penal. *Revista de Poder Judicial* Número especial II. Pág. 81.

Sánchez García de Paz, M., I., *Minoría de Edad Penal y Derecho Penal Juvenil. Estudios de Derecho Penal*. Editorial Comares, Granada., 1998.

Soriano Ibáñez, B., (2002), *El principio de oportunidad, Jornadas de especialización en el derecho penal de menores*, CEJAJ. Teruel.

Torres Andrés, J. M, (2001), *Ley de la Responsabilidad Penal de los Meno*res, Editorial Trivium, S.A., Madrid.

Torre Ruíz, J., *Notas sobre el ejercicio de la jurisdicción penal en un Estado de Derecho constitucional*, en segundas jornadas de derecho judicial, Ministerio de Justicia, Madrid 1985, p. 427.

Urquía Gómez, F., *El principio de legalidad y el principio oportunidad*. En Ministerio de Justicia, Centro de Publicaciones (ed.), Congreso de Derecho Procesal de Castilla y León: La reforma del proceso penal, 1989.

White, S., «Towards a Descentraled European Public Prosecutor's Office?» *New Journal of European Criminal Law*, 4, 2013.

Zarate Conde, A., De Prada Rodríguez, M., «La Fiscalía europea: una realidad cada más cercana». *Diario la Ley*, n.º 8641, 2015.

Referencias de legislación y documentos de interés de las instituciones europeas

Anteproyecto de Ley de Enjuiciamiento Criminal de 2020. Exposición de Motivos. Versión para exposición pública. 2020.

Circular 1/1989, sobre el procedimiento abreviado introducido por Ley Orgánica 7/1988, de 28 de diciembre.

Circular 1/ 2000, de 18 de diciembre, relativa a los criterios de aplicación de la Ley Orgánica 5/2000, de 12 de enero, por la que se regula la responsabilidad penal de los menores.

Circular 2/2001, 28 de junio de 2001, relativa a la incidencia de las Leyes Orgánicas 7 y 9/2000, de 22 de diciembre, en el ámbito de la jurisdicción de menores.

Circular 1/2007, de 23 de noviembre, sobre criterios interpretativos tras la reforma de la Legislación Penal de menores.

Circular de la FGE núm. 2/2012, sobre unificación de criterios en los procedimientos por sustracción de menores recién nacidos.

Circular de la FGE núm. 4/2013, sobre las diligencias de investigación.

Circular de la FGE núm. 3/2018, sobre el derecho de información de los investigados en los procesos penales.

Circular de la FGE núm. 1/2021, sobre los plazos de la investigación judicial del artículo 324 de la Ley de Enjuiciamiento.

Circular 2/2022, de 20 de diciembre, de la Fiscalía General del Estado, sobre la actividad extraprocesal del Ministerio Fiscal en el ámbito de la investigación penal.

Consulta de la FGE núm. 2/1995, acerca de dos cuestiones sobre las diligencias de investigación del fiscal: su destino y la pretendida exigencia de exhaustividad.

Consulta de la FGE núm. 1/2005, sobre la competencia de las fiscalías para tramitar diligencias de investigación que afecten a personas aforadas.

Consulta de la FGE núm. 1/2015, sobre el acceso a lo actuado en las diligencias de investigación a quien invoca un interés legítimo.

Instrucción de la FGE núm. 1/1995, sobre atribuciones y competencias de los fiscales especiales antidroga en los diferentes territorios.

Instrucción de la FGE núm. 11/2005, sobre la instrumentalización efectiva del principio de unidad de actuación establecido en el art. 124 CE.

Instrucción de la FGE núm. 12/2005, sobre atribuciones y competencias de la Fiscalía Especial para la prevención y represión del tráfico ilegal de drogas y de sus fiscales delegados.

Instrucción de la FGE núm. 4/2006, sobre atribuciones y organización de la Fiscalía Especial para la represión de los delitos económicos relacionados con la corrupción y sobre la actuación de los fiscales especialistas en delincuencia organizada.

Instrucción de la FGE núm. 1/2008, sobre la dirección por el Ministerio Fiscal de las actuaciones de la Policía Judicial.

Instrucción de la FGE núm. 2/2013, sobre algunas cuestiones relativas a asociaciones promotoras del consumo de cannabis.

Dictamen 4/2012, sobre cómputo de plazo de suspensión de la ejecución de medidas privativas de libertad del art. 40 de la LORPM, Fiscal de Sala Coordinadora de menores. Fiscalía General del Estado.

Dictamen 4/2013, Sobre criterios para solicitar el sobreseimiento del expediente conforme el art. 27.4 de la LRPM, Fiscal de Sala Coordinadora de menores. Fiscalía General del Estado.

Directiva (UE) 2016/343 del Parlamento Europeo y del Consejo, de 9 de marzo de 2016, por la que se refuerzan en el proceso penal determinados aspectos de la presunción de inocencia y el derecho a estar presente en el juicio. DOUE de 11-03-2016.

Directiva 2016/800/UE de 11 de mayo de 2016, del Parlamento Europeo y del Consejo relativa a las garantías procesales de menores sospechosos o acusados en los procesos penales. DOUE de 21-05-2016.

Directiva 2016/1919/UE de 26 de octubre de 2016, del Parlamento Europeo y del Consejo, relativa a la asistencia jurídica gratuita a los sospechosos y acusados en los procesos penales y a las personas buscadas en virtud de un procedimiento de orden europea de detención. DOUE de 4-11-2016.

Memoria De la Fiscalía General del Estado de 1983. Centro de Estudios Jurídicos. Ministerio de Justicia. Madrid. 1983.

Ley Orgánica 5/2000, de 12 de enero, reguladora de la responsabilidad penal de los menores.

Ley Orgánica 8/2021, de 4 de junio, de protección a la infancia y la adolescencia frente a la violencia. BOE núm.134. de 5-06-2021.

Propuesta de Reglamento del Consejo relativo a la creación de la Fiscalía Europea. COM (2013) 534 final. Bruselas 17 de julio de 2013.

Reglamento (UE)2017/1939 del Consejo, de 12 de octubre de 2017, establece una cooperación reforzada para la creación de la Fiscalía Europea.

Real Decreto 305/2022, de 3 de mayo, por el que se aprueba el Reglamento del Ministerio Fiscal.

Referencias de jurisprudencia relevante

Sentencia del TEDH caso de Cubber, de 26 de octubre de 1980, n.° 9186/1980.

Sentencia del TEDH caso Pierseck de 1 de octubre de 1982, n.° 8692/79.

Sentencia del TEDH caso *Hauschildt* vs. Dinamarca, de 24 de mayo, 1989.

Sentencia del TEDH de 20 de noviembre de 1989, caso *Kostovski*.

Sentencias del TEDH de 15 de junio de 1992, caso *Lüdi*.

Sentencia del TEDH de 23 de abril de 1997, caso *Van Mechelen*.

Sentencia del TEDH de 10 de noviembre de 2005, caso *Bocos-Cuesta*.

Sentencia del TEDH de 20 de abril.

Auto del TC 219/1984 de 4 de abril.

Sentencia del TC 145/1988, de 12 de julio, ECLI:ES:TC:1982/145.

Sentencia del TC 162/1999, de 27 de septiembre, ECLI:ES:TC:1999/162.

Sentencia del STC 83/2022 de 27 de junio de 2022.

Sentencia del TS 989/2016, 11 de enero de 2012, Sala de lo Penal, Sección I, ECLI:ES:TS:2017:16.

Sentencia del TS 228/2015, 21 de abril de 2024, ECLI:ES:TS:2015:1516.

Made in United States
Troutdale, OR
11/03/2026

56847381R00066